KIMBERLEY MENDOZA

El Despertar

Conquistando la Maldad a Través del Poderoso Nombre de Jesús

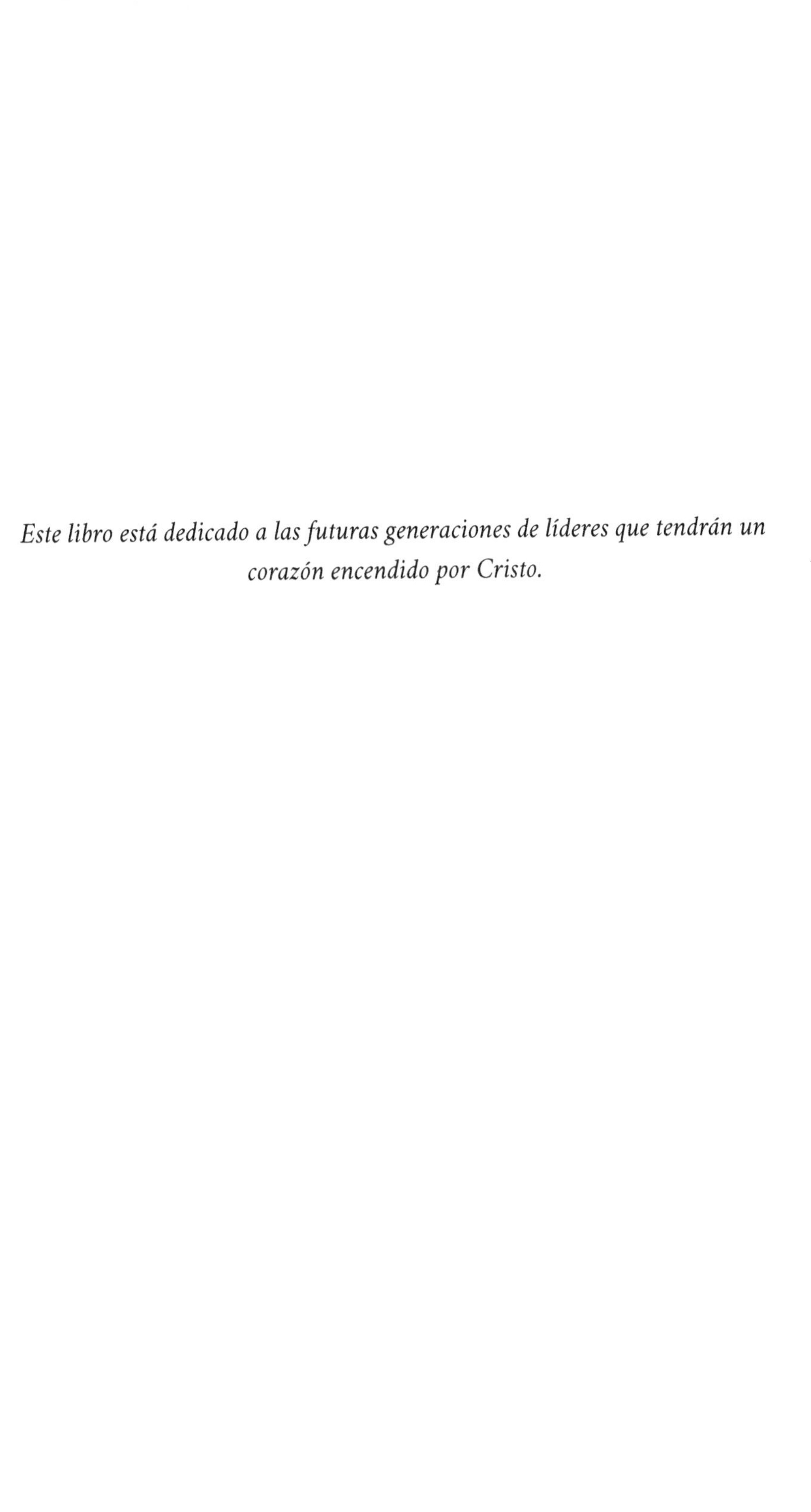

Este libro está dedicado a las futuras generaciones de líderes que tendrán un corazón encendido por Cristo.

Contenidos

Prefacio

La gente de este mundo ha sucumbido a sus problemas y se ha enmascarado en la oscuridad. Tienen un vacío en el corazón que llenan de soledad. Su vida está llena de rasgos impíos. Dios nos advierte que por sus frutos los conoceremos. ¿Quién es tu amo y a quién sirves realmente? La gente está cegada e influenciada tanto por el mal.

Como Iglesia de Cristo, tomen su espada para derrotar y conquistar la maldad en su núcleo. Es tiempo de despertar a la verdad. Usted leerá una revelación acerca de las tácticas de engaño de Satanás hacia nosotros mientras aprende como usar la autoridad que usted tiene para vencerlo. Te muestro cómo ser guiado en tu caminar con Dios y cómo reprender mientras te mantienes firme sobre la roca que es Cristo. Desvelaré las verdades sobre la oscuridad que nos rodea en este mundo y cómo luchar contra ella. Lee con una mente abierta mientras profundizo en la Nueva Era, la brujería, la adivinación y mucho más. Nosotros, como guerreros de Cristo, necesitamos levantarnos y usar nuestra autoridad.

Reconocimiento

Quiero expresar mi más profunda gratitud a mi hermana por su tremendo trabajo en mi ministerio. Expresando incontables horas y días en este proyecto para darle vida con el propósito de difundir mi mensaje a las naciones. Este esfuerzo no hubiera sido posible sin su continuo sacrificio que ha hecho por este libro. Quiero expresar mi más profunda gratitud a mi hermana por su tremendo trabajo en mi ministerio. Expresando incontables horas y días en este proyecto para darle vida con el propósito de difundir mi mensaje a las naciones. Este esfuerzo no hubiera sido posible sin su continuo sacrificio que ha hecho por este libro.

1

Soy Quien Soy

Siempre hablamos y nos referimos a Dios como el Dios que hizo los cielos y la tierra. Es el Dios que creó al hombre y a todos los animales de la tierra, y eso es a menudo lo que todo el mundo sabe de Dios. Mi pregunta para ti es, ¿sabes realmente quién es Él?

Parece que fue hace tanto tiempo, cuando tenía unos trece años, que descubrí quién es Dios. Recuerdo que estaba en mi habitación en un día normal y mi hermana vino a preguntarme que si me moría dónde iría, ¿al Cielo o al Infierno? Me sorprendió cuando me preguntó porque no estaba preparada para una pregunta así. Al fin y al cabo, yo solo tenía trece años. Entró en más detalles con su pregunta, que no puedo recordar. Todos mis traumas pasados afectaron a mi memoria, y he escrito sobre estos acontecimientos en mi último libro. Recuerdo que me hablaba de Dios, de Jesús estando en mi vida, y de que Jesús era la única manera de llevarme al Cielo si lo aceptaba en mi corazón con convicción. Reflexioné sobre lo que decía, ya que me hizo pensar. Aceptar a Jesús en mi vida me haría nuevo y me salvaría. ¿Era realmente tan fácil ser salvado del infierno? ¿Realmente iba a cambiar mi vida después de ese día? Me hizo una pregunta: "¿Te gustaría aceptar a Jesús como tu Salvador?". Le dije que sí. Repetí después de ella la oración que hicimos y, así, con convicción fui salvado. Siendo realista, como alguien tan joven, nunca supe cómo me iría la vida. Sabía que tenía a esta persona llamada Jesús, a quien acababa de aceptar en mi vida. Poco sabia yo que los ángeles se regocijaron en ese instante, como dice la biblia. Ni siquiera puedo imaginar cómo se ve eso, regocijándose como un ser angelical por un pecador que viene a Cristo. En el mismo capítulo de Lucas capítulo 15, versículo siete, dice que hay gozo en el cielo por un pecador que se arrepiente.

Lucas 15:7

Os digo que así habrá más gozo en el cielo por un pecador que se arrepiente, que por noventa y nueve justos que no necesitan de arrepentimiento.

Lucas 15:10

Así os digo que hay gozo delante de los ángeles de Dios por un pecador que se arrepiente.

Para alcanzar al reino de Dios hace falta algo más que bondad: hace falta salvación. No podemos esperar estar con Dios en el cielo solo haciendo buenas obras. Las buenas obras no son nada si estás viviendo una vida sin Cristo en tu corazón.

Debes tener la convicción de comprender que, sin Dios, no somos nada. Quien nos da esta convicción es el Espíritu Santo. La gente debe entender lo que significa la convicción. Es darse cuenta de que necesitamos a Cristo. Murió en la cruz por nuestros pecados y necesitamos que permanezca en nuestras vidas. Una vez que tenemos a Cristo en nuestras vidas, recibimos al Espíritu Santo que nos guía en toda la verdad y nos convence de nuestros pecados o cuando estamos en el mal. Es la obra del Espíritu Santo en nosotros la que produce esta nueva vida. El Espíritu Santo nos guía cada día en todo lo que hacemos. Esa vocecita que te dice lo que está bien y lo que está mal no es una voz en tu cabeza, sino el Espíritu Santo.

Con Cristo, tenemos el perdón y su amor y misericordia eternos. Incluso sin Cristo, estamos viviendo en un tiempo de misericordia y Dios nos ama sin falta, pero eso no nos salva de una vida eterna de tormento. Lo que nos salva es tener a Jesús en nuestras vidas, creer que Cristo murió en la cruz y resucitó al tercer día. Debemos recibir el Espíritu Santo que fue prometido y tener nuestros nombres escritos en el libro de la vida. Nuestro arrepentimiento es lo que nos salva y la manera de mantener nuestra salvación es manteniendo nuestra relación con Dios.

A todos se nos da la oportunidad para arrepentirnos y aceptar a Cristo en nuestras vidas. No esperes hasta que sea demasiado tarde. La muerte llega a nuestras vidas sin previo aviso. Los exhorto a vivir una vida con Cristo en su corazón porque no pueden garantizar el mañana.

Con el paso del tiempo, descubrí lo que realmente era el amor de Dios. Nada se compara con ese primer amor que tienes en el Señor.

Empecé a aprender piano y lo que era caminar con el Señor en todos los sentidos. Después de llegar a casa de una clase bíblica o de un servicio normal en la iglesia, insistía en que mi hermana me enseñara las obras del Señor. Había un millón de preguntas que tenía para ella y eso dio como resultado que ella me diera sus propias lecciones sobre Dios y quién era él. Tenía este anhelo de descubrir lo más que pudiera acerca de mi Señor, y era maravilloso. No cambiaría por nada aquellos primeros días de búsqueda del Señor. Todos debemos anhelar su presencia, como lo hacemos cuando llegamos a Cristo por primera vez en los primeros días de nuestro caminar con él.

Mis primeros encuentros con la guerra espiritual tuvieron lugar en mis sueños en el reino espiritual. Y como dije en mi libro anterior, Dios me dio discernimiento. Debido a mi discernimiento, ya lo mucho que buscaba a Dios en esta etapa de mi vida, podía ver y sentir fuerzas demoníacas cuando otros no podían. Nunca lo tuve tan impactante como lo hizo mi hermana, incluso con los encuentros descritos en mi último libro.

Aquí, a lo largo de este libro, desvelaré diferentes ataques que el enemigo había conjurado contra mi vida. Describiré estos ataques espirituales que he experimentado en el mundo espiritual como se mencionó anteriormente.

Mientras lees este libro, le pido al Señor que si hay alguien que no sea creyente de Cristo, que Dios pueda iluminar tu mente y revelarse a ti. Oro en el nombre de Jesús para que este libro le hable al menos a una persona y que este libro pueda ministrar a las vidas de esta generación. Que todos nos unamos por nuestros hermanos y hermanas en Cristo en unidad. Orando contra el mal que anda por este mundo, que el Señor pueda seguir mostrando su Gloria a todos. Señor, rompe las cadenas del engaño, las cadenas de los oprimidos, y libera a los atados por las garras de Satanás en el nombre de Jesús. Amén.

2

JEHOVÁ RAFA

En mi último libro, entré en gran detalle sobre mi caso de batería en el capítulo Resistencia. Fue una horrible sucesión de circunstancias, una tras otra. A lo largo de todo ese proceso, en el fondo sabía que mi caso no llegaría a ninguna parte. Sin embargo, dejó heridas profundas de las que nunca me hice cargo.

El acto de la agresión hacia mí tuvo lugar en enero, justo antes de mi cumpleaños. Me habían pasado muchas cosas ese año, pero nunca me recuperé de esa noche. No fue por el acto en sí, sino debido a cuando sucedió.

Este crimen ocurrió alrededor de mi cumpleaños y por eso, mi cumpleaños representaba todo lo sucio. El día en que nací ahora representó este acto asqueroso. Me marcó. Lo que debería ser un gran día para celebrar, en cambio, me hizo sentir repulsivo en todos los sentidos.

Cada año después de mi ataque, me propuse que mi cumpleaños fuera más grande que el anterior. Estaba tratando de encontrar alguna manera de hacerme sentir regocijada. Antes de mi cumpleaños, siempre dejaba de comer durante unos días. Perdía el apetito sin siquiera saber por qué. Al principio, no me di cuenta. Cuando me di cuenta, me daba asco pensar que pudiera llegar a sentirme así. Durante todo el año, siempre estoy pensando en formas de celebrar mi próximo cumpleaños. Permítanme desglosar esto aún más. Me pasaba todo el verano y todo el año configurando maneras de ser feliz el día de mí cumpleaños. La gente normal no pasaría más de unos minutos como máximo pensando en planes para ellos mismos, y mucho menos meses. Me obsesioné con redimir lo que se suponía que era un día feliz y normal para la mayoría de la gente.

Año tras año se convirtió en lo mismo. La misma repetición de la planificación excesiva. Cuando por fin llegó mi cumpleaños, seguía sintiendo un vacío lleno de asco, lleno de una desesperación cada vez más profunda. Ninguna cantidad de globos podía quitarme el asco dentro de mí, ninguna cantidad de pastel podía curar el dolor que sentía. Mi alma se sentía tan perturbada y enferma. Se sentía como un veneno que avanzaba lentamente a través de mis venas, paralizándome. Fue una lenta y agonizante sensación de dolor a lo largo de los años. La injusticia en mi caso me dejó con esta tristeza que nunca se cura.

Llegó un momento, al cabo de unos años, en que simplemente acepté la realidad. Mi cumpleaños nunca me satisfaría. Llegué a creer que siempre sería esa persona que apestaba a dolor cada año. Puede que la gente ni siquiera se diera cuenta de lo que sentía porque no muestro mi dolor a nadie, y nunca lo hice.

No espero que las personas normales, de mente sana y sin daños físicos, entiendan lo que quiero decir, y por eso hablo de eso ahora. Os hablo de lo que sentí para que, si alguna vez os encontráis con alguien del mismo temperamento que el mío, podáis hablarle con compasión y comprensión. Ofrezca palabras de vida a las personas que fueron lastimadas físicamente, no palabras de odio y destrucción. Porque tenemos el poder de destruir a alguien o de levantar a alguien.

Proverbios 18:21 (RVR60)
La muerte y la vida están en poder de la lengua, Y el que la ama comerá de sus frutos.

Seis años después de este lío continuo con mi cumpleaños, era 2022 e invitaron a nuestro grupo de jóvenes al campamento de jóvenes de otra iglesia. Pensé poco en ello incluso cuando se acercaba la fecha. Todo el año había sido terrible para mí. Algunos de nuestro grupo de jóvenes fueron a pasar el fin de semana a este campamento cerca de Tampa. Bueno, más bien el medio de la nada, para ser exactos.

No tengo experiencias agradables en los campamentos, ya que siempre me enfermo. A lo largo de este campamento, tuve mis dolores habituales en todo el cuerpo, pues todavía tenía todo mal en mi cuerpo, como se indica en mi último libro. No fue tan malo como podría haber sido, así queme alegré por eso. Durante todo el fin de semana, todos adoramos al Señor y lo buscamos, ya que estábamos en un campamento para hacer precisamente eso y recibir bendiciones.

El servicio del viernes por la noche llegó a su fin y la música y todo fue maravilloso y grandioso. Muchos jóvenes ya estaban siendo bendecidos y recibiendo bendiciones a diestra y siniestra, y la noche terminó.

Llegó el sábado y había mucha comida en este campamento. Por alguna razón, me sentí muy hinchada durante todo el día, ya que no estaba acostumbrada a comer los alimentos que me daban.

Desde que me extirparon la vesícula biliar, mi cuerpo no se toma a la ligera el cambio de dieta. A medida que se acercaba el servicio de la noche, comencé a sentirme cada vez peor. No me sentí horrible hasta que terminó el servicio; Al menos pude disfrutar del servicio. Cuando estoy hinchado por un período prolongado, siento náuseas después.

Durante el servicio del sábado por la noche, la presencia de Dios se movía a nuestro alrededor. Vino un cantante invitado. Cuando llegó su momento, tomó el micrófono y comenzó a cantar una canción suya, y comenzó a hablar a los jóvenes.

Hizo un llamado al altar para alguien específico y dijo: "Hay alguien aquí que ha sido violada, molestada o lastimada. Si eres tú, ven al altar porque Dios quiere sanarte hoy".

Y siguió diciendo: "¿Dónde estás? ¿Dónde estás? Dios te está llamando".

Cuando habló, antes de que pudiera pronunciar siquiera dos palabras de su frase, sentí que ese poder descendía sobre mí y supe que la persona a la que llamaba era yo. Cuando sentí la presencia y el poder de Dios sobre mí, no me importó quién estaba mirando, ya que había muchos jóvenes en este campamento. No me importaba lo que dirían de mí. Me levanté de mi asiento y comencé a caminar hacia el altar en dirección a este ministro.

Nunca pedí ser relevado de esto, ni oré por esto específicamente. Durante los últimos meses, había estado ayunando todas las semanas para que ocurriera un cambio. Nunca se me pasó por la mente que esta sería mi respuesta de parte de Dios. Me quedé allí llorando, preguntándome cómo vivo sin pensar más en mi ataque. ¿Cómo se siente vivir cada día sin que eso me obstaculice más?

Siempre pensé que lo que yo sentía era lo que todos sentían después de un ataque espiritual. Siempre pensé que era parte del proceso sentirme como una completa basura dentro de mí, pero el diablo es un mentiroso. Dios me abrió los ojos y me di cuenta de la verdad. La raíz de mis problemas y sentimientos era que Dios aún no había sanado esa parte de mi vida. Ese incidente no había sido atendido de la manera que debería haber sido. Todavía había un quebrantamiento dentro de mí. Él sacó a la luz y me dio a conocer lo que necesitaba; una sanidad sobrenatural.

Empecé a llorar y llorar bajo la presencia de Dios y alguien puso su mano sobre mi corazón y comenzó a orar por mí y en ese momento, lo que me había marcado durante los últimos seis años se fue, en el nombre de Jesús. Nunca supe que podría deshacerme de este sentimiento repugnante que estaba en mi corazón. Ni siquiera supe lo mal que estaba hasta que Él me sanó y me hizo nuevo. Sanó una herida que había permanecido oculta y que lentamente me estaba paralizando como un virus. Dios tiene la última palabra sobre nuestras vidas.

Durante esta liberación, sentí como si alguien hubiera entrado dentro de mí y me hubiera extirpado un cáncer. Un cáncer que no sabía que existía. Cuando Dios me liberó de eso, sentí paz. Me sentí liberada y finalmente supe lo que era no ser retenido por esto nunca más. Fui liberada por el poder de Cristo y liberada de todas las malas intenciones y mentiras del enemigo. Porque hay poder en el nombre de Jesús, ningún otro nombre sino Jesús.

Éxodos 15:26 (RVR60)
..yo soy Jehová tu sanador..

Salmos 34:18 (RVR60)
Cercano está Jehová a los quebrantados de corazón; Y salva a los contritos de espíritu.

Después de que terminó este servicio, sentí que la enfermedad se inflaba al 100%. Para empeorar las cosas, los líderes del campamento querían continuar con una fogata como parte de sus eventos planeados. Después de ponerme el suéter, caminé con mi grupo de jóvenes hacia la fogata. En ese momento, me sentí tan mal que no pensé que podría aguantar más. Traté de salir adelante por unos minutos más, pero terminé vomitando y regresando a mi cabaña, aceptando la derrota por esta enfermedad que sentía. Como he dicho antes, siempre termino enferma durante un campamento. Supongo que es mi destino. El domingo parecía llegar tan rápido. Entonces, así como así, el campamento terminó y me fui a casa.

Por desgracia, todos los que fueron al campamento en nuestro grupo se enfermaron de gripe o algo parecido. Sentí que me estaba muriendo en la cama junto con mi hermano. Al final del día, valió la pena recibir mi bendición de libertad.

Después, comencé a investigar cuál era el significado bíblico del número seis. Tenía curiosidad ya que siete significa que algo está completo o la perfección. ¿Qué significa seis? Seis representa debilidad o imperfección. Lo bueno de todo esto es lo que dice la Biblia sobre nuestras debilidades.

2 Corintios 12:10 (RVR60)

Por lo cual, por amor a Cristo me gozo en las debilidades, en afrentas, en necesidades, en persecuciones, en angustias; porque cuando soy débil, entonces soy fuerte.

Durante seis años estuve en un estado de debilidad. Pero servimos a un Dios todopoderoso, y Él nunca llega tarde. Incluso en mi debilidad, Dios glorificó su poder en mi vida y me hizo fuerte. Porque en Cristo somos fuertes. En Cristo, somos hechos nuevos y completos de nuevo.

Todo esto solo fue posible porque tenía fe en que el Señor iba a hacer algo en mi vida. En la biblia dice que la fe es la certeza de lo que se espera, la convicción de lo que no se ve. Cuando siento que estoy perdiendo la esperanza, empiezo a ayunar y a orar a Dios para que me dé esperanza porque, sin esperanza, ¿cómo podemos tener fe? Cuando reconozco que esto está pasando, siempre le pido a Dios que me dé esperanza porque lo último que quiero es perder la fe. Desde que cambié mi forma de orar, me ha dado claridad sobre por qué las oraciones de la gente no están siendo contestadas. Es simple. Algunas personas no están orando por las cosas correctas. También puede ser que la gente hoy en día ni siquiera esté orando correctamente. Dice en la biblia que debemos pedirle a Dios sabiduría. ¿No querrías seguir caminando con Cristo, pero sin necedad? ¿Cuántas circunstancias podríamos haber evitado nosotros, como cristianos, si solo hubiésemos pedido sabiduría a Dios? A continuación pondré algunas referencias bíblicas de todo lo que he hablado.

Santiago 1:5(RVR60)

Y si alguno de vosotros tiene falta de sabiduría, pídala a Dios, el cual da a todos abundantemente y sin reproche, y le será dada.

Hebreos 11:1 (RVR60)

Es, pues, la fe la certeza de lo que se espera, la convicción de lo que no se ve.

Isaías 41:10 (RVR60)

No temas, porque yo estoy contigo; no desmayes, porque yo soy tu Dios que te esfuerzo; siempre te ayudaré, siempre te sustentaré con la diestra de mi justicia.

Isaías 40:31 (RVR60)

pero los que esperan a Jehová tendrán nuevas fuerzas; levantarán alas como las águilas; correrán, y no se cansarán; caminarán, y no se fatigarán.

Mientras escribo esto, ya estamos en noviembre. Mi cumpleaños es en enero y puedo decir con toda sinceridad, que ni siquiera pienso en los grandes planes que tengo para sentirme mejor. No me detengo en pensamientos innecesarios que vinieron del mismo diablo. Ya ni siquiera pienso en mi cumpleaños y el único que lo hizo fue Dios. En todo caso, estoy deseando disfrutar de mi primer cumpleaños siendo libre. Dios es quien me liberó y sanó mi quebrantamiento, por eso titulé este capítulo Jehová Rafa. Rafa significa en hebreo el Señor que sana. El Señor que repara. Es increíble las cosas que podemos descubrir con solo estudiar las Escrituras, y no puedo pensar en ningún otro nombre para este capítulo que no sea Jehová Rafa. Sanó lo que estaba oscuro y convirtió todo en luz, me purificó y me libró de las mentiras y manipulaciones del enemigo. Es importante que la gente sepa lo que significa entender de verdad al Dios al que servimos.

3

La Guerra Espiritual

En El Espíritu

Cuanto más involucrada esté una persona con Dios, más ataques del enemigo recibirá. A lo largo de nuestro viaje con Cristo, a menudo habrá momentos en los que nos sentiremos abrumados. Sin embargo, Dios nunca nos da más de lo que podemos soportar. La palabra de Dios nunca falla. Debemos tratar de caminar en la perfecta voluntad de Dios. En esta vida, tenemos nuestro propio libre albedrío y también está la perfecta voluntad de Dios. Somos libres de elegir nuestro propio camino. Si nos desviamos de la perfecta voluntad de Dios, terminamos metiéndonos en situaciones en las que Dios no planeó que estuviéramos.

En la segunda parte de este libro, daré con gran detalle mis experiencias personales de guerra espiritual junto con tácticas sobre cómo derrotar y conquistar el mal con la autoridad que Dios nos ha dado.

Cuando comenzamos nuestro caminar con Dios, queremos aprender

13

todo lo que hay acerca del Señor y tener experiencias personales con él. A menudo no se nos dice lo suficiente cómo lidiar con el mal, y el mal llega para atacarnos.

Veo a muchos cristianos que han tenido la experiencia de despertarse en el mundo espiritual, sin saber cómo lidiar con el reino espiritual. Esto también les puede pasar a los cristianos recién nacidos. No son solo los cristianos los que se encuentran en contacto con el mundo espiritual. Hay varios movimientos y creencias espirituales que intentan enseñar y promover el contacto con el mundo de los espíritus. El Ocultismo y el movimiento Nueva Era son solo un par de ellos. Hay muchos otros que tienen enseñanzas que no son de Dios y algunos son satánicos en origen.

Describiré mis propias experiencias y con frecuencia me referiré a este mundo espiritual o reino espiritual, describiéndolo como un lugar literal. En este reino, hay entidades espirituales como demonios, seres angelicales y también otras cosas espirituales. Solo el Espíritu de Dios puede revelarlas y permitirte verlas. Cuando estamos peleando o lidiando con entidades espirituales, este es el mundo donde nuestras batallas tienen lugar. El libro de Efesios nos dice que no luchamos contra sangre y carne, sino que nuestras batallas son contra los gobernantes de las tinieblas, contra poderes y contra principados. Aquellos que están profundamente metidos en las obras de Dios lo saben, pero para aquellos que no lo están, voy a profundizar por un momento en los detalles del mundo espiritual. Aquí es donde Dios puede revelarnos muchas cosas cuando nos lleva allí a través de su espíritu. Debemos aprender a ver no con nuestros ojos físicos, sino con nuestros ojos espirituales.

Dios puede permitirnos pasar por diferentes encuentros y revelarnos seres demoníacos. Ha habido algunos casos en los que me quedé dormida inesperadamente y terminé en el mundo de los espíritus. Hay un encuentro donde Dios me reveló que estaba siendo observada. Te contaré sobre esa experiencia.

Me desperté y rápidamente supe que estaba en un lugar árido, casi como en algún lugar cerca de un entorno desértico. El viento soplaba muy levemente mientras miraba a mi alrededor. Vi un arbusto de aspecto andrajoso y detrás del arbusto vi una criatura del tipo gremlin o diablillo. Esta criatura se veía exactamente igual a la de las películas de Harry Potter. En la película, guía a Harry a lo largo de su viaje por una referencia a la criatura de la que hablo. Vi a esta criatura y noté la mirada de odio que tenía hacia mí, pero lo único que hacía era observarme de lejos. Una vez que Dios me reveló esto, me desperté de repente. Este encuentro es un ejemplo de a lo que me refiero cuando digo que Dios puede elegir revelarnos fuerzas demoníacas a través del mundo espiritual. Solo para aclarar, cuando tenemos estas experiencias en las que nos encontramos en el mundo espiritual, me refiero a que nuestro espíritu está ahí, no nuestro propio cuerpo, sino a través del espíritu.

Aquí es también donde nuestra guerra espiritual tiene lugar cuando entramos en batalla. Cuando estamos en una fuerte guerra espiritual, no vemos todo lo que sucede en la atmósfera. Podemos tener encuentros en el mundo espiritual o en nuestra vida diaria. Jesús nos dio herramientas para usar en estas situaciones y debemos estar preparados para usarlas. Tenemos estas herramientas desde el momento en que lo aceptamos como nuestro Señor y Salvador.

Este próximo encuentro ocurrió hace años. Me encontré en el mundo de los espíritus usando el nombre de Jesús para vencer el mal.

Recuerdo que hace mucho tiempo, una noche mientras me dormía, me encontré en el mundo espiritual. Fue una experiencia extraña para mí. Cuando desperté en el mundo espiritual, me encontré en una casa en la que nunca antes había estado. Miré a mi alrededor en busca de alguna familiaridad y no encontré ninguna. Había una mujer con cabello rizado cantando algo casi como un murmullo. Me di cuenta de que estaba haciendo un encantamiento. Mientras le cantaba a los demonios, levantó la vista hacia mí y, sin previo aviso, los demonios acudieron en tropel a la habitación. Lo raro es que tenían forma de pez, sí, leíste bien, pez. Nadaban delante de mis pies, entraban y salían a través de las paredes, y lo único que hacían era nadar de un lado a otro.

¡El encantamiento de la mujer se hizo más fuerte, más feroz, y me miró con tanta maldad! ¡De repente, todo se detuvo, y yo estaba de pie, y estaba en el centro de la habitación cuando una fuerza arrancó mi espíritu de mi cuerpo! Mi espíritu fue arrancado del centro de mi cuerpo y en ese mismo instante, me sentí casi incapacitada. No puedo explicar el dolor que sentí cuando me arrancaron el espíritu del cuerpo. Imagina que te arrancan el corazón del cuerpo. Jadeando por aire en ese mismo momento, tratando de mantener mi cordura, sentí tal dolor que es inexplicable. En ese mismo momento, sentí que una presencia oscura y maligna descendía a la habitación y el aire era tan pesado, tan espeso, que no podía respirar.

Es difícil de describir, pero no podía moverme. No podía controlar ni mover mucho mi cuerpo. Me sentí casi paralizado. Mientras todo esto sucede, miro a mi derecha hacia el piso, y estoy horrorizada por lo que vi. Vi mi cuerpo en el suelo, muriendo, sin poder respirar, y mis ojos tenían un anillo morado alrededor. Alrededor de los ojos estaba morado por la falta de oxígeno y ver cómo mi cuerpo se lastimaba y moría era horrible de ver. Puedo recordar mi cuerpo mirándome, tratando de extender sus manos hacia mí. Mi mente estaba completamente en blanco porque el diablo me había dejado la mente en blanco, pero escuché una voz que dijo dos palabras, "reprender" y "Jesús". Reprendí en el nombre de Jesús. ¡Era tan difícil hacer algo porque me dolía mucho y mi cuerpo estaba perdiendo la vida lentamente! ¡Seguí reprendiéndolos y luego, de repente, los peces desaparecieron y los demonios que volaban en la habitación se fueron! Quedaba un demonio furioso y mientras se iba, me dio un GRAN empujón, me tiró al suelo y caí bastante fuerte al suelo, pero yo sabía que el enemigo se había ido, y mi espíritu por fin estaba en paz. Cuando me arrojó, ejerció una fuerza sobrenatural de impulso, empujándome al suelo. Me desperté a la mañana siguiente y noté que en el lado derecho de mi cadera había un moretón muy ennegrecido por el ataque espiritual. Era la primera vez que recibí una lesión visible de un ataque, pero me alegré de que hubiera terminado.

Este encuentro que había recibido estuvo bastante lleno de acontecimientos, pero aun en medio de todo, todavía recordaba el nombre de Jesús y nunca deben olvidar cómo luchar contra el enemigo, aun cuando tenemos nuestras mentes en blanco durante nuestras luchas. Este es un ejemplo de qué hacer si alguna vez te encuentras durmiendo un día y te despiertas en una batalla en el mundo espiritual. Escribo sobre este par de encuentros para que si te relacionas con algo de esto, entonces puedas aprender y comenzar a reprender en el nombre de Jesús. Una vez que descubras el verdadero poder y la autoridad que hay en el nombre de Jesús, cambiará tu vida.

Cuando tenemos encuentros espirituales, ya sea cuando nos dormimos o cuando estamos despiertos, debemos usar la autoridad que Dios nos ha dado para vencer el mal en este mundo.

Cuando tenemos encuentros en tiempo real, no en el espíritu, debemos usar la autoridad que se nos ha dado para derrotar al enemigo.

Como ejemplo, podrías estar en casa ocupándote de tus propios asuntos cuando de repente sientes un cambio en la atmósfera, o una presencia que no es de Dios ha entrado en tu hogar. Recuerda que hay poder en el nombre de Jesús. ¡Reprende el mal que ha entrado en tu hogar en el nombre de Jesús y los demonios tienen que huir! Mucha gente, incluso los cristianos, no entienden realmente cuánto poder y autoridad hay detrás de un nombre, Jesús. Dice en la Biblia que su nombre es sobre todo nombre.

Puesto que el nombre de Jesús está por encima de todo otro nombre, ¿a quién temeremos? Muchas veces, cuando el enemigo nos ataca repetidamente, el diablo trata de infundirnos miedo, quitándonos así la paz del Señor. Sé que hay muchos cristianos a los que el diablo atormenta y ataca con frecuencia, que no encuentran la paz en su situación. Si invocas el nombre de Jesús, encontrarás la paz.

Filipenses 2:9-10 (RVR60)
Por lo cual Dios también le exaltó hasta lo sumo, y le dio un nombre que es sobre todo nombre, para que en el nombre de Jesús se doble toda rodilla de los que están en los cielos, y en la tierra, y debajo de la tierra;

También podemos ver ángeles en lo espiritual o con nuestros ojos espirituales. Si Dios nos los revela y nos permite ver ángeles, entonces veremos ángeles. Puede que nunca pidamos verlos, sin embargo, Dios puede elegir revelárselos. Todo depende de la relación que tengas con Dios y cuál sea Su voluntad para tu vida. Una vez, sentí que me iba a caer mientras actuaba en una dramatización en la iglesia un domingo por la noche hace muchos años. El drama consistía en que yo era un ángel luchando contra un demonio. En este drama, el supuesto demonio me empujaba de un lado a otro, pero esta persona era mucho más alta que yo, y eso le permitió ejercer mucha más fuerza de la necesaria hacia mí sin darse cuenta. En una fracción de segundo, estaba cayendo hacia atrás. Por aquel entonces, yo solo tenía unos catorce años, y antes de que me hubiera caído, sentí que me ponían dos manos en la espalda. Sabía que no había nadie a mi alrededor o detrás de mí durante este tiempo. Para confirmar mi curiosidad, miré detrás de mí y no había nadie allí. Estas manos me empujaron hacia arriba, impidiendo que me cayera, y después de mirar hacia atrás supe que era un ángel que me sostenía. Nunca pedí que me revelaran estas cosas, pero simplemente sucedió en un instante. Dios puede usar ángeles como mensajeros o para pelear a nuestro favor.

Estas son solo un par de experiencias de guerra espiritual que he tenido hace mucho tiempo. Muchos cristianos están tratando de sumergirse más profundamente en lo que consideran lo desconocido. La gente quiere encontrar nuevas experiencias con Dios o estar en el espíritu para descubrir más. No estamos llamados a entrar en el mundo de los espíritus de nuestra propia voluntad. En los siguientes capítulos, profundizo en diferentes rituales y compromisos demoníacos. La gente trata de participar en estos para entrar en el mundo espiritual. Tratar de tener acceso ilimitado a este mundo desconocido es demoníaco, y la Biblia no nos enseña a estar allí cuando nos da la gana. Estamos llamados a ser seguidores de Cristo y vivir como él lo hizo cuando estuvo en la tierra. Sea muy cauteloso con los actos y hábitos que adquiera a través de Internet. Ponen estos rituales por toda la televisión y pueden desviar a muchos cristianos o, en última instancia, hacer que dejen de crecer en el Señor. Mientras se prepara para leer los siguientes capítulos, léalos con una mente abierta, especialmente si sigues las prácticas que mencionaré.

4

La Nueva Era

Lo desconocido atrae a muchas personas, que hacen todo lo posible por satisfacer su curiosidad. Una de estas curiosidades es el deseo de profundizar en el mundo espiritual. Muchas personas desean tener una conexión profunda con una conciencia superior. Participan en muchos tipos de rituales, buscando desbloquear esta energía en sus vidas.

Nosotros, como cristianos, podemos estar en el mundo espiritual, pero no debemos tratar de hacerlo por nuestra propia elección. No debemos ordenar o hacer que nuestro propio espíritu vaya al mundo de los espíritus o vaya a lugares fuera de nuestro alcance. Tener la capacidad de hacerlo a través de varias prácticas y rituales es impío y es brujería. He oído hablar de muchos cristianos con el deseo de ver el mundo espiritual e ir a esos lugares. Toman parte en diversas prácticas que el Señor detesta.

Existe un movimiento llamado de la Nueva Era que les permite mirar hacia el mundo espiritual. Muchas personas siguen tristemente al menos una práctica del movimiento de la Nueva Era. Voy a profundizar en el movimiento de la Nueva Era y por qué es todo demoníaco. Profundizaré en los versículos de la Biblia hacia el final, respaldando con las Escrituras todas las cosas que el Señor detesta.

Muchas de las prácticas en las que está involucrada la Nueva Era se remontan al hinduismo y al budismo. Si estás en la Nueva Era, se trata de conectarte con tus chakras. Creen que esto te permite alcanzar una conciencia superior, vibraciones del universo, energías, sanación espiritual y un nivel más profundo de espiritualidad. Voy a repasar la terminología que abarca este tipo de movimiento y lo que cada práctica individual realmente está invocando en tu vida.

MUDRA

Mudra se traduce como gesto o sello. Los mudras son gestos simbólicos con las manos que se derivan del budismo. Son los gestos con las manos que haces en relación con el yoga que estás practicando. Los mudras conectan cada dedo con los cinco elementos: aire, agua, tierra, fuego y espacio. Cuando practicas mudra con tu yoga o meditación, canaliza el prana para que esté dentro de ti. Cada postura única de mudra con las manos tiene un propósito diferente.

Credito: Laura Juarez

PRANA

Prana es la manifestación de toda la energía. También lo consideran una fuerza de vida. Prana es ejercicios de respiración y utiliza esta fuerza de vida de energía. Usaron esto en muchos yogas junto con ciertos mudras para hacer surgir la fuerza de vida. A esto lo llaman prana, pero en realidad, esta fuerza de vida de energía es diabólica e impía.

MANTRA

Cuando utilizas un mantra en tu yoga, este es el sonido repetitivo que haces cuando meditas. Se supone que penetra en tu mente, y las vibraciones del sonido te permiten entrar en una meditación profunda al cantar diferentes mantras. Si descomponemos la palabra mantra en dos palabras, la palabra "MAN" significa mente y "TRA" significa transporte o vehículo. Un mantra popular es el Om. Cuando cantas el mantra Om, se pronuncia "Aum". Hay varios mantras, pero más adelante entraré en detalle sobre este mantra específico y su significado. Los mantras son una invocación a los espíritus demoníacos junto con el uso de mudras.

YOGA

Siempre describen el Yoga como esta práctica meditativa para liberar el estrés de tu vida. Hay muchas investigaciones sobre los beneficios del yoga para la salud que puede encontrar en línea. La palabra yoga significa unión, y su origen proviene del hinduismo. La cultura del hinduismo tiene una variedad de deidades o dioses. Diferentes poses en yoga convocan diferentes espíritus demoníacos. Hay muchas variaciones de yoga, algunas involucran música tranquila y otras incluyen cantar o usar mudras. Ahora hemos repasado parte de la terminología que se encuentra en esta práctica. También profundizaré en lo que realmente estás haciendo cuando haces yoga. Cuando usa mantras y mudras en su vida diaria, estás invocando a seres demoníacos a su vida. Tu participación en el Yoga no es tan simple e inocente como parece a primera vista. No es una energía espiritual debida al prana; no es energía de lo cósmico lo que sentís; en realidad, son demonios entrando en tu mente y cuerpo. Estás abriendo una puerta para que estos demonios hagan lo que les plazca, especialmente si los estás llamando. Este es el propósito específico del uso de diferentes mantras. Es un acto de invocación. Esta "fuerza de vida de energía" es una expresión que utilizan para ocultar el hecho de que estás conjurando poderes demoníacos en tu vida. Describiré solo tres tipos de yoga que son muy demoníacos, aparte de toda la práctica en sí.

NAAD YOGA

Naad se define como la esencia del sonido. Esta práctica de yoga utiliza diferentes vibraciones de sonido y es también la unión de la mente con la conciencia cósmica a través de estos sonidos. Conectan los sonidos específicos con tu mente y con lo cósmico.

KUNDALINI YOGA

Este tipo de yoga implica ejercicios de canto y respiración con repetitividad. Esto implica varios patrones de canto con el canto al hacer kundalini yoga. El propósito de este tipo de yoga es despertar tu energía. También se refieren a él como el yoga de la conciencia. Esto también trae iluminación espiritual a tu vida. Kundalini yoga utiliza varios mantras para alcanzar la iluminación espiritual.

BHAKTI YOGA

Esto se conoce como el yoga de la devoción y uno de los cuatro tipos de yoga del camino hacia la iluminación. Para bhakti yoga, hay nueve ramas de devoción.

1. Shravana - Escuchando escrituras antiguas.
2. Kirtana - Cantando canciones devocionales.
3. Smarana - Recordando lo divino.
4. Pada sevana - Practicar y servir el karma yoga (uno de los otros cuatro tipos de yoga hacia la iluminación).
5. Archana - Deidad y adoración ritual con ofrenda de fuego.
6. Vandana - Adoración, reverencia y alabanza a Saraswati.
7. Dasya - Devoción a lo divino.
8. Sakhya - Relación entre usted y lo divino.
9. Atma nivedana - Entregarse a lo divino.

PRAVANA YOGA

Pravana significa sonido cósmico. Este yoga ayuda en la meditación. Este es el nombre de un mantra en el hinduismo Om. Om es uno de los símbolos más grandes y sagrados en el hinduismo y este yoga requiere que te concentres en Om. Om es popular en la meditación, los cánticos y las oraciones hindúes. Lamentablemente, es una de las formas clásicas de meditación que mucha gente no sabe ni siquiera lo que está cantando. La biblia nos dice que demos alabanzas al Señor y nos regocijemos en su nombre. Jesús no nos enseña a cantar a Om o a dar oraciones a Om.

Estos diferentes yogas, que son solo algunos de todos los que existen, requieren que adores, convoques y te dediques a alguien más que no sea Jesucristo.

En el libro de Mateo dice que no se puede servir a dos señores. O amarás a uno u odiarás al otro. Todo esto es demoníaco y no de Dios. La Biblia nos enseña a seguir los pasos de Jesús. Jesús no convocó ni conjuró energías de lo cósmico ni cantó mantras para sentir el prana. Todos debemos despertar; ¡Esto no es lo que el Señor nos ha llamado a hacer!

Debemos ser renovados de la mente por el Espíritu Santo. La Biblia nos enseña que el Espíritu Santo es nuestro consolador, quien nos mostrará y enseñará todas las cosas. No necesitamos meditar y cantar mantras y hacer mudras de manos. ¡No necesitamos conformarnos a estos ídolos y dioses cuando el Espíritu Santo está aquí para enseñarnos y convencernos! Si dedicaras todo el tiempo que dedicaste a la meditación para alcanzar una "conciencia superior" y, en cambio, dedicaras tu tiempo a conectarte con el Espíritu Santo, tu vida cambiaría drásticamente.

Credito: Mohamad Hassen

CHAKRA

Los chakras son energías dentro del cuerpo y hay siete chakras ubicados en todo el cuerpo. Puedes desbloquear los chakras con meditación, mudras, cánticos y yoga. Enumeraré los siete chakras diferentes.

1. El chakra raíz
2. El chakra sacral
3. El chakra del plexo solar
4. El chakra del plexo solar
5. El chakra de la garganta
6. El chakra del tercer ojo
7. El chakra de la corona

No entraré en detalles sobre los detalles de cada chakra, pero hablaré del chakra sacral. Supuestamente, los mantras específicos que cantas para desbloquear este chakra son cantos al dios de los océanos y la creación llamado Varun. Este canto específico hecho para desbloquear esto se llama Vam. Este canto de mantra está invocando una presencia demoníaca en tu vida. Estás adorando a una diosa hindú solo para tratar de "desbloquear tu chakra". Este es solo uno de los siete chakras. Imagina cuántas puertas estás abriendo al diablo practicando todos tus chakras y meditando mientras cantas a diferentes dioses.

Tenemos nuestra mente renovada a través del Espíritu Santo, no por chakras o energías del universo. Este es un engaño del diablo para hacerte creer que tales prácticas son la forma de vivir tu vida. Este es el plan maestro que el diablo ha puesto en todo el mundo. Al servir a estas supuestas deidades y buscar estos espíritus demoníacos, no estamos sirviendo a quien verdaderamente nos creó, El Señor. Debemos dejar de hacer esta maldad, arrepentirnos y volvernos a Dios mientras aún hay tiempo. Estamos viviendo en el tiempo de la misericordia y la gracia y el amor de Dios nunca termina. El poder y la autoridad de

Dios son infinitos. No debemos recurrir a rituales paganos y prácticas demoníacas para alcanzar la "iluminación". Al hacer esto, no heredarás el reino de Dios, como dice Gálatas 5.

Tito 3:5-7 (RVR60)

Nos salvó, no por obras de justicia que nosotros hubiéramos hecho, sino por su misericordia, por el lavamiento de la regeneración y por la renovación en el Espíritu Santo, el cual derramó en nosotros abundantemente por Jesucristo nuestro Salvador, para que justificados por su gracia, viniésemos a ser herederos conforme a la esperanza de la vida eterna.

BUDISMO

Esta tradición cree en la iluminación a través de la meditación. Quienes practican esto creen en la reencarnación. Se refieren al samsara, que es el ciclo de muerte y renacimiento. El conjunto de doctrinas y disciplinas del budismo intenta alcanzar el estado de nirvana, poner fin a la reencarnación percibiendo la verdad eterna. En realidad, la estatua dorada de Buda no es un objeto de adoración. Es un mero simbolismo en su cultura del propio Buda y lo que representa. La gente cree que él ha encontrado la iluminación.

Sus tradiciones filosóficas tienen como núcleo las Cuatro Nobles Verdades y el Noble Sendero Óctuple. Similar a los cristianos que tienen que seguir los Diez Mandamientos, La Noble Sendero Óctuple es su versión de lo que ellos consideran verdades absolutas. Se supone que estas verdades te ayudarán a alcanzar el nirvana y terminar con el samsara. El karma también es enorme en esta religión; es la causa y el efecto de las acciones. Hay un gran énfasis en la meditación junto con los mantras. Durante las ceremonias religiosas, los budistas usan ruedas de oración y hacen girar las ruedas mientras recitan mantras. Llevan cuentas de oración, también conocidas como mala. Se utilizan para ayudar en la meditación mientras se recitan distintos mantras. Estas cuentas suman 108 cuentas que representan el deseo mortal que hay que superar para alcanzar el nirvana, según sus creencias.

Cuentas de Oración - Credito: PRIYA

Necesitaba explicar algunos antecedentes sobre el budismo porque muchas de las prácticas del budismo tienen una gran influencia en el yoga. Vandana es una de las siete formas más elevadas de adoración. Vandana significa adorar y alabar a Saraswati. En Bhakti Yoga, hice referencia a las nueve devociones diferentes requeridas para este yoga. El número seis era Vandana, y cuando haces este tipo de adoración, estás adorando al Saraswati de los hindúes.

Dios ha sido claro en su advertencia para nosotros. No debemos adorar a ningún otro dios y debemos alejarnos de la hechicería. Les insto a que tiren cualquier estatua de estas prácticas que puedan tener, porque eso abre las puertas a los demonios. Las últimas partes del libro incluyen más detalles sobre estatuas y objetos tallados.

Levítico 26:1 (RVR60)
No haréis para vosotros ídolos, ni escultura, ni os levantaréis estatua, ni pondréis en vuestra tierra piedra pintada para inclinaros a ella; porque yo soy Jehová vuestro Dios.

HINDUISMO

Tanto el hinduismo como el budismo se originaron en las antiguas culturas de la India y comparten muchas similitudes. En el hinduismo, tienen la creencia de que Brahma es el Dios absoluto e infinito. Lo reconocen como el padre de la creación y lo consideran la existencia entera. Cada tradición en el hinduismo tiene sus raíces en esta creencia.

Esta religión cree en la reencarnación y el renacimiento de las almas. El Om mencionado anteriormente en este capítulo es un símbolo sagrado que representa a la deidad Brahma. Cuando cantas Om en yoga, estás adorando a este dios infinito de los hindúes. Adoran a muchas deidades y, como se mencionó anteriormente, Saraswati es una de ellas. Es una diosa hindú del conocimiento y la sabiduría. Suelen representarla como una mujer vestida de blanco sentada sobre una flor de loto blanca.

El símbolo espiritual de Om

MEDITACIÓN

El hinduismo y el budismo ponen un fuerte énfasis en la meditación. Hay varios tipos de meditación que implican ejercicios de respiración y movimientos corporales.

La meditación en movimiento te permite tener una conexión más profunda con tu cuerpo. Qi gong y Tai Chi son formas de meditación que son muy populares y vistas a menudo. Como referencia visual, las películas extranjeras de artes marciales utilizan muchos movimientos de Tai Chi. Creen que estos movimientos mejoran el equilibrio dentro de su cuerpo y lo usan para fortalecerse.

El tai chi se originó en el taoísmo, también llamado daoísmo. Dao significa el camino. El taoísmo es la creencia en tener todo equilibrado y reforzar tu chi interior para traer buena salud y longevidad. Chi es la fuerza que pone el mundo y todo en movimiento. También la consideraban la fuerza que sustenta todo lo creado. Chi y el taoísmo van de la mano. Yin Yang es el símbolo utilizado en el taoísmo; representa un equilibrio en la vida. Cada vez que veas el yin y el yang, recuerda que esto proviene de este sistema de creencias de que el chi es el centro de todo.

El símbolo espiritual de Om

En ninguna parte de esta creencia refuerza la vida de Cristo. Aunque este no es el peor tipo de meditación que existe, al hacer esto y tratar de encontrar tu chi o fuerza interior, sigue siendo un acto de buscar otra sustancia que no es Jesús.

Mirando lo que nos dice la escritura, no hace referencia a un chi como una fuerza que sostiene todas las cosas. Es a través y por Dios mismo que todo ha sido hecho, no un chi.

Colosenses 1:16-17 (RVR60)

Porque en él fueron creadas todas las cosas, las que hay en los cielos y las que hay en la tierra, visibles e invisibles; sean tronos, sean dominios, sean principados, sean potestades; todo fue creado por medio de él y para él. Y él es antes de todas las cosas, y todas las cosas en él subsisten;

También hay meditación Mantra y meditación espiritual y varias otras sobre las que no entraré en detalles. Ambas promueven y te animan a conectar con un poder superior. La meditación espiritual es algo que se ve mucho en el cristianismo en aquellos que buscan sumergirse más profundamente con Dios. La meditación mantra usa el canto del Om como se explicó anteriormente en el capítulo, e involucra una variedad de cantos diferentes con el uso de mudras manuales. Meditar en el Señor no es pecado. Cuando involucras mudras de manos que simbolizan a otros dioses, cantas a los demonios y tratas de invocar energías del universo, entonces se convierte en algo diabólico. Siempre ten mucho cuidado con la información que ves en Internet y lo que decides adoptar en tu vida diaria. Mucho de lo que puedes percibir como algo inofensivo abrirá puertas para que los demonios moren en tu vida sin que te des cuenta.

Cuando regreses a este capítulo, podrás ver de dónde se origina todo y qué significa todo; todo esto es diabólico. Nada de lo que has leído aquí es lo que Dios quiere que practiquemos. Ninguna de estas enseñanzas es lo que hizo Jesús mientras estuvo en la tierra, así que, en realidad, ¿a quién estás sirviendo al hacer estas prácticas? No podemos tratar de vivir una vida de cristiano mientras hacemos estas otras prácticas. Estás sirviendo a dos amos. Esto es lo que dice la biblia acerca de servir a dos señores.

Mateo 6:24 (RVR60)

Ninguno puede servir a dos señores; porque o aborrecerá al uno y amará al otro, o estimará al uno y menospreciará al otro. No podéis servir a Dios y a las riquezas.

Hay muchas más prácticas que están en la Nueva Era que no puedo cubrir aquí. Discutiré eso y mucho más en los capítulos siguientes. Si estás involucrado en alguna de estas prácticas, oro para que el Espíritu Santo te ilumine y abra tu mente y tus ojos a ver la oscuridad que se cierne sobre ti, en el nombre de Jesús, amén.

5

Hechicería

Dios es el creador de todas las cosas en los cielos y en la tierra. Los males que habitan en la tierra y en los lugares celestiales no deben ser buscados. Las malas prácticas que se mencionaron en mi capítulo anterior son una abominación al Señor. Continuaré revelando las verdades detrás de estas prácticas.

La siguiente lista es de cosas que se practican para adorar al diablo y buscar entidades demoníacas.

Buscando energías:

- Vibraciones
- Proyección astral
- Cristales
- Meditación
- Yoga
- Cartas de tarot
- Alcanzar una conciencia superior
- Física

- Adivinación
- Medios
- Quiromancia
- Gastromancia
- Nigromancia
- Astrología
- Números de Ángel
- Numerología
- Signos del zodiaco
- Horóscopos

¡Estas prácticas son impías y demoníacas! El Señor detesta cada una de estas prácticas. He repasado algunas de ellas en mi último capítulo, pero quiero profundizar en otras prácticas. Veamos lo que nos dice la escritura.

Deuteronomio 18:9-12 (RVR60)

Cuando entres a la tierra que Jehová tu Dios te da, no aprenderás a hacer según las abominaciones de aquellas naciones. No sea hallado en ti quien haga pasar a su hijo o a su hija por el fuego, ni quien practique adivinación, ni agorero, ni sortílego, ni hechicero, ni encantador, ni adivino, ni mago, ni quien consulte a los muertos. Porque es abominación para con Jehová cualquiera que hace estas cosas, y por estas abominaciones Jehová tu Dios echa estas naciones de delante de ti.

Gálatas 5:19-21 (RVR60)

Y manifiestas son las obras de la carne, que son: adulterio, fornicación, inmundicia, lascivia, idolatría, hechicerías, enemis-tades, pleitos, celos, iras, contiendas, disensiones, herejías, envidias, homicidios, borracheras, orgías, y cosas semejantes a estas; acerca de las cuales os amonesto, como ya os lo he dicho antes, que los que practican tales cosas no heredarán el reino de Dios.

El Señor detesta estas abominaciones y debes arrepentirte y volver tus caminos a Jesús, porque invocar demonios todos los días no es la respuesta. Jesús lo es.

Voy a repasar algunos términos que he enumerado anteriormente.

- **La nigromancia** consiste en invocar y obtener información de los espíritus o los "muertos". Un ejemplo de Nigromancia son las cartas del Tarot y los tableros de Ouija.
- **La gastromancia** consiste en predecir el futuro mirando objetos brillantes o espejos convexos para inducir un trance.
- **La adivinación** consiste en predecir el futuro por medios sobrenaturales como la adivinación, la quiromancia, las cartas del tarot y muchos más.
- **En Numerología** los números tienen un significado oculto y tienen un significado espiritual y mágico.
- **Los Números de Ángeles** son mensajes espirituales en numerología y son secuencias de patrones y secuencias numéricas las que tienen un significado espiritual.

La astrología es una gran parte del movimiento de la Nueva Era. También es adivinación que implica la observación de las estrellas, los planetas, el sol y las fases de la luna. La astrología analiza las constelaciones en correlación con su vida cotidiana. Para ello es necesario observar la carta astral, los signos del zodiaco, las doce constelaciones estelares, los planetas, las doce casas, el sol y la luna para predecir los resultados de la vida. No debemos mirar en los horóscopos, porque es la práctica de la astrología, que es otro acto de adivinación. La astrología puede tomar algunos años para dominar y comprender debido a lo compleja que es. Solo necesitamos entender una cosa: Jesús es el camino a la salvación. Eso no requiere años de entendimiento; solo se necesita la convicción traída por el Espíritu Santo.

Credito: Gordon Johnson

Algunas personas se encuentran obsesionadas con encontrar significado en su vida y encontrar un propósito. La única manera de vivir tu vida con propósito es con Jesús. Jesús es el camino, la verdad y la vida. No hay otra forma de lograr esa gratificación que se desea, o la fuerza interior que se busca.

Dios tiene todo lo que puedas necesitar. Él no es como la gente aquí que está aquí un minuto y al siguiente ya no están. Él es y siempre será un Dios inmutable, lo que significa que no cambia. La razón por la que no deseamos a Dios de la misma manera que usted puede desear estas otras prácticas es porque estamos viviendo en la carne. Esta carne quiere pecar y quiere cosas terrenales, y no desea a Dios. Es por eso que muchas personas se vuelve hacia la Nueva Era y tradiciones como el hinduismo y el budismo. No glorifica a Dios. Nuestra carne no desea las cosas de Dios. Estamos en guerra con los poderes y gobernadores de las tinieblas, como se declara en Efesios 6:12. Este mal contra el que luchan los siervos del Señor es lo que estáis adorando cuando tomáis parte en estas costumbres. Una vez que abres una puerta de cualquiera de estas prácticas, es suficiente para involucrarte en lo oculto.

Juan 14:6 (RVR60)

Jesús le dijo: 'Yo soy el camino, y la verdad, y la vida; nadie viene al Padre, sino por mí.'

CRISTALES

Otra cosa sobre la Nueva Era son los cristales que se supone que te ayudan en tu vida diaria. Tienen propiedades curativas y vienen en diferentes tipos y colores que tienen un significado diferente para ellos. Cristales muy específicos, según la Nueva Era, ayudan con diferentes chakras. Algunos de estos cristales ayudan con la alineación de un poder superior, como el cristal ONYX. Los cristales se utilizan en yoga y meditación. Puedes colocarlo en cualquier parte de tu ser. Cuanto más te involucras con los cristales, más aprendes a cargarlos, ya que contienen la energía del universo. Ayudan a conectarte con tus guías espirituales.

¡Los cristales no deben ser usados, especialmente por los cristianos!

Jesús no usó cristales para ayudar con la sanación y para ayudar a alinear sus energías; esta es la obra del diablo. Porque es en el nombre de Jesús que somos sanados de nuestras iniquidades y enfermedades, no por la obra de un "cristal de poder". Jesucristo murió en la cruz por nuestras transgresiones, por nuestros pecados y por sus heridas, somos sanados. Las Escrituras no insisten en que usemos cristales llenos de energía cuando Jesús ya pagó el precio final por cada uno de nosotros.

Isaías 53:5 (RVR60)
Mas él herido fue por nuestras rebeliones, molido por nuestros pecados; el castigo de nuestra paz fue sobre él, y por su llaga fuimos nosotros curados."

Los guías espirituales son algo que confunde a mucha gente, incluso a los cristianos. La gente escucha esta terminología y asocia un guía espiritual como lo mismo que el Espíritu Santo, porque la gente escucha que el Espíritu Santo te guía en tu vida. El Espíritu Santo ciertamente te guía en tu vida, ¡pero un "espíritu guía" asociado con la Nueva Era no es el Espíritu Santo! ¡Este es un demonio con el que te estás comunicando activamente y esta práctica es muy demoníaco!

Levítico 19:31 (RVR60)
No os volváis a los encantadores ni a los adivinos; no los consultéis, contaminándoos con ellos. Yo Jehová vuestro Dios.

BRUJERÍA

El diccionario Webster define la brujería como el uso de la hechicería o la magia, la comunicación con el diablo y los rituales y prácticas que incorporan la creencia en la magia. La adivinación es una práctica de la brujería. Hay muchas cosas en la Nueva Era que son brujería. Todo lo relacionado con la adivinación, que incluye cartas del tarot, gastromancia, nigromancia, quiromancia, tablas de ouija y mucho más, es un acto de brujería. Estas prácticas en la Nueva Era son una forma de comunicación con el diablo.

Algunas personas pueden decir, nunca vendí mi alma al diablo, así que no estoy en la brujería y la hechicería. ¡FALSO! Puedes hacer cualquiera de estas malas prácticas sin vender tu alma al diablo por riqueza y fama. Si no has dado tu vida a Jesucristo y no te has entregado a él, perteneces a un maestro diferente. Sin Cristo, nadie puede entrar en el Reino de Dios, y practicar la adivinación es servir activamente al diablo.

En la brujería, hay mucho más que adivinación. Sus prácticas incluyen rituales de ocultismo y sacrificios realizados por personas que están profundamente involucradas en la brujería.

Un aspecto muy popular de la brujería es tener la capacidad de proyectarse astralmente. Esta práctica te permite viajar en el mundo de los espíritus y te permite controlar tu espíritu. Muchas personas se refieren a esto como el viaje de tu cuerpo astral, pero eso es, de hecho, su espíritu real. Otros definen esto como una experiencia extracorporal. La Proyección Astral a voluntad no es de Dios. No estamos llamados a controlar nuestro propio espíritu para que vaya a donde queramos que vaya. Las personas involucradas en el ocultismo usan esto para atacar a otras personas o para ir a algún lugar por las razones que tengan. Esto es diabólico y no de Dios. Muchos aspectos de la Nueva Era te ayudan a desbloquear la proyección astral mediante la meditación o haciendo que desbloquees tus "Chakras". No especifiqué nada sobre esto en el último capítulo porque esto es mucho más que iluminación o tener un sentido espiritual más profundo dentro de ti mismo. El mundo trata de enmascarar el verdadero significado de lo que estás haciendo usando estas palabras positivas como ponerse en contacto con el universo cósmico, volverse trascendente, iluminación y llenarse de energías. Esto es brujería, y si estás involucrado en la proyección astral, debes detenerte y arrepentirte a Cristo.

Las brujas y los brujos suelen tener un "guía espiritual" con ellos, ya que con frecuencia se acercan a las fuerzas demoníacas. Dedican gran parte de su tiempo a adorar y construir altares para Satanás. Satanás es el padre de todas las mentiras y solo se preocupa por destruirte, como dice en Juan 8:44.

MAGIA NEGRA / MAGIA BLANCA

En el Ocultismo, se intenta clasificar los diferentes tipos de magia. La magia blanca es típicamente para el acto de la energía curativa, la adivinación, la prosperidad, la bendición de una casa, o la intención de hacer el bien. Los cristales y los chakras van de la mano con la magia blanca. La magia negra es la magia con la que la gente no quiere ser asociada. La usan con la intención de hacer daño, para vengarse y para lanzar hechizos y maldiciones sobre las personas. No importa qué tipo de "magia" esté usando, todavía está haciendo brujería y comunicándose con fuerzas demoníacas, no importa cuál sea la intención.

La nigromancia también se considera magia negra para algunas personas debido a los rituales detrás de la nigromancia. Algunas personas usan pentagramas y sesiones de espiritismo para conjurar a los muertos. En el mundo actual, vemos muchos programas de actividades paranormales en los que la gente habla con los "muertos". La sociedad lo ha aceptado como algo perfectamente normal y emocionante. Nadie se detiene siquiera a cuestionar nada sobre lo que ponen en la televisión. Presentan en sus programas diferentes medios, sesiones de espiritismo y practican hablar con los muertos. Incluso he visto otra práctica con lo que se llama magia con velas. En estos programas paranormales, he visto a gente haciendo rituales y realizándolos con velas o mirando fijamente a una, con la esperanza de tener un encuentro con lo sobrenatural. Todo esto es adivinación, brujería y satanismo.

Este es un acto de nigromancia. Jesús no conjuró espíritus, así que ¿por qué deberíamos hacerlo nosotros? Esto no es glorificar a Dios, sino dar gloria a Satanás. Se supone que debemos seguir los caminos de Cristo. Conjurar espíritus es abrir puertas a los demonios para que entren en tu vida. Cada acto de brujería que haces trae más y más demonios y espíritus. En estos programas, traen diferentes hierbas y formas de limpiar las casas de aquellos que están siendo atormentados. Esto no es bíblico y no hace nada. El único que puede limpiar tu hogar y tu vida es Dios. Hay varios factores que explican por qué el hogar y la atmósfera de una persona pueden ser como son, pero hablaré de esto más adelante en el libro.

También existe la idea de que en la nigromancia hay espíritus buenos y espíritus malos. Esta es una idea equivocada que lleva a muchos por este camino erróneo. Piensan que van a conjurar espíritus buenos en lugar de espíritus malignos. No hay tal cosa como espíritus buenos y espíritus malos. El único espíritu bueno que encontrarás en esta tierra se llama Espíritu Santo. Satanás es el padre de todas las mentiras y esta es la mentira más grande que la gente parece creer en todo el mundo. Cuando estás tratando de buscar lo sobrenatural, estás hablando con los demonios en cualquier forma que ellos elijan estar.

¡No se deje engañar! Cuando abres las puertas a los espíritus y tratas de comunicarte con ellos diariamente, estás lidiando con la maldad espiritual. Cualquier guía espiritual, o "buen espíritu" con el que pienses que estás hablando, no es más que malvado y debes detenerte y arrepentirte. Esto es lo que nos dicen las escrituras.

Efesios 6:12 (RVR60)

Porque no tenemos lucha contra sangre y carne, sino contra principados, contra potestades, contra los gobernadores de las tinieblas de este siglo, contra huestes espirituales de maldad en las regiones celestes.

CHAMANES

El chamanismo, según Wikipedia, es una práctica religiosa que involucra a un practicante (chamán) que interactúa con lo que cree que es un mundo espiritual a través de estados alterados de conciencia, como un trance. Según el diccionario Oxford, la palabra chamán designa a alguien a quien se considera con acceso e influencia en el mundo de los espíritus benévolos y malévolos, que suele entrar en estado de trance durante un ritual y practica la adivinación y la curación.

Los chamanes también se consideran médicos brujos, curanderos, hechiceros o líderes espirituales. Los chamanes están practicando la brujería en lo que están haciendo. No acudas a un chamán para ser bendecido o curado. Le insto a que no acuda a uno en busca de un remedio porque está permitiendo que alguien que practica la brujería le dé poderes demoníacos. Estás permitiendo que se abran puertas a la maldad espiritual en tu vida. ¡Esto es muy demoníaco y nada bueno saldrá de esto! Esta generación necesita despertar y mirar lo que se está haciendo a nuestra nación. No podemos sumergirnos en cosas malas, porque el que las hace no entrará en el reino de los cielos. Solo necesitamos a Dios en nuestras vidas para que nos provea todo lo que necesitamos. ¿Por qué buscar un hechicero para tus problemas? No hay necesidad de infestar vuestras vidas con demonios para que os curen, porque eso es exactamente lo que estáis haciendo al acudir a un chamán.

Salmos 103:2-4 (RVR60)

Bendice, alma mía, a Jehová, Y no olvides ninguno de sus beneficios. Él es quien perdona todas tus iniquidades, El que sana todas tus dolencias; El que rescata del hoyo tu vida, El que te corona de favores y misericordias;

Salmos 16:11 (RVR60)

Me mostrarás la senda de la vida; En tu presencia hay plenitud de gozo; Delicias a tu diestra para siempre.

Si supieras a lo que estás sirviendo al realizar estas prácticas perversas, te garantizo que no las harías. Satanás, con sus principados y demonios, son seres horribles, pero aun así son presentados como algo deseable. Vuélvete y arrepiéntete a Jesucristo. No hay salvación adorando y dedicando tu vida a Satanás y sus secuaces. El único camino a la vida y la salvación es a través de Jesús. Lo he dicho muchas veces y lo seguiré diciendo. Dios tiene mucho más para tu vida que hablar con espíritus o estar en lo sobrenatural.

Hay un poder por encima de cualquier poder que tú o Satanás puedan parecer tener. Dios es soberano, lo que significa que tiene control total sobre todas las cosas. Él gobierna sobre todo y tiene toda autoridad en el cielo y en la tierra. Las brujas y los hechiceros piensan que al adorar a Satanás obtienen un poder superior a todos los demás poderes. Este es el plan del diablo para atarte en tus pecados y cegarte de la verdad. La autoridad de la *Palabra* de Dios es *poder* sobre todos los otros poderes sobre la tierra.

Juan 1:1-5, 10-14 (RVR60)
  Filipenses 2:8-11 (RVR60)

"En el principio era el Verbo, y el Verbo era con Dios, y el Verbo era Dios. Este era en el principio con Dios. Todas las cosas por él fueron hechas, y sin él nada de lo que ha sido hecho, fue hecho. En él estaba la vida, y la vida era la luz de los hombres. La luz en las tinieblas resplandece, y las tinieblas no prevalecieron contra ella.

En el mundo estaba, y el mundo por él fue hecho; pero el mundo no le conoció. A lo suyo vino, y los suyos no le recibieron. Mas a todos los que le recibieron, a los que creen en su nombre, les dio potestad de ser hechos hijos de Dios; los cuales no son engendrados de sangre, ni de voluntad de carne, ni de voluntad de varón, sino de Dios. Y aquel Verbo fue hecho carne, y habitó entre nosotros (y vimos su gloria, gloria como del unigénito del Padre), lleno de gracia y de verdad.

Y estando en la condición de hombre, se humilló a sí mismo, haciéndose obediente hasta la muerte, y muerte de cruz. Por lo cual Dios también le exaltó hasta lo sumo, y le dio un nombre que es sobre todo nombre, para que en el nombre de Jesús se doble toda rodilla de los que están en los cielos, y en la tierra, y debajo de la tierra; y toda lengua confiese que Jesucristo es el Señor, para gloria de Dios Padre."

6

Lucha y Conquista

Dentro de la Mente

Las luchas de la mente son más que malos pensamientos que vienen a tu mente; va mucho más profundo que eso. El diablo es un manipulador y un maestro de los ataques a la mente. En este capítulo, detallaré los diferentes métodos que utiliza el enemigo para atacar nuestras mentes en un intento de impedirnos.

Quiero centrarme más en un ataque específico a la mente. A veces tu mente se queda en blanco, vacía de todo pensamiento o conocimiento. En mi último libro doy un ejemplo con todo detalle, así que no entraré aquí en mis antecedentes. Tenía ataques mentales fuertes y pesados al azar mientras conducía hacia la iglesia o hacia cualquier otro lugar. En un instante, pasaba de ser una persona de mente sana a no recordar cómo me llamaba. Suena extraño para una persona normal, pero créanme cuando digo que no le deseo esto a nadie, ni siquiera a mis enemigos. En un instante perdería literalmente la noción de la realidad, mi mente se quedaría en blanco y no sabría nada. Todo, desde lo que estaba haciendo o hacia dónde iba, o incluso quién era yo. No sabía para qué servía mi existencia ni qué me había creado. Estos ataques son reales y muy fuertes. Cuando sentí estos ataques por primera vez, creí que había perdido la cabeza y pensé que estaba a una llamada de distancia de una habitación acolchada. Estuve a punto de que me metieran en una habitación acolchada donde van los locos porque creía que había perdido la cabeza y me había vuelto completamente loca.

Déjame decirte algo. Solo había una palabra que conocía en mi vocabulario, en mi memoria, en mi mente, y era el nombre de Jesús. No importaba que tan fuertes y malvados fueran estos ataques demoniacos sobre mi vida. Yo decía ¡Jesús, Jesús, Jesús! Declaraba su nombre con la autoridad que Dios me había dado, y luego recordaba las palabras: "Te reprendo en el nombre de Jesús". Créeme cuando te digo que solo recordaba el nombre de Jesús, solo un nombre. Es la única palabra que quedaba dentro de esta cabeza mía. Sabía dentro de mí, "No sé cuál es mi nombre, pero este nombre de Jesús tiene autoridad y poder!" En el momento en que pronuncié el nombre de Jesús, sentí que la claridad volvía a mi mente. Sentí como si una nube oscura que había estado sobre mi mente, bloqueando todo lo que sabía, se hubiera disipado. Volví a sentirme como siempre, sabiendo mi nombre y todo lo demás sobre mí. No puedo decirles lo terrible que es experimentar algo de esta magnitud, pero todo lo podemos en Cristo que nos fortalece. Si alguna vez te encuentras en una situación como la mía, invoca el nombre de Jesús, porque hay un poder de gran magnitud y autoridad en su nombre. Tengo otras experiencias de la mente de las que no hablaré aquí, ya que escribí sobre ellas con gran detalle en mi libro anterior.

Prueba este ejercicio, declara la paz en tu mente todos los días o todas las semanas. Diga, declaro paz en el nombre de Jesús, declaro paz en mi mente, en mi hogar y donde quiera que vaya hoy. Empieza a declarar la paz sobre tu mente si luchas con ataques como los míos. Verás el poder de Dios manifestado en tu vida, pues dice la biblia que Dios no es el autor de confusión y desorden, sino de paz.

Pesadillas

Mientras crecía, viví en un lugar que no me parecía normal. Siempre había una sensación de que algo malévolo estaba allí. No estoy segura de por qué el lugar donde mi familia solía vivir se sentía de esa manera, pero sospecho que fue algo que se le hizo a la tierra hace muchos años. Solíamos vivir en una casa móvil en esta tierra. Sufrí muchas pesadillas cuando era niña. Siempre pensé que era un lugar muy atemorizante donde sentía que alguien me observaba a todas horas. Mi familia tiene un profundo amor por las cosas de Dios, y acabamos de entrar en una tierra que tenía una presencia tan impía sobre ella. Las batallas comenzaron desde el momento en que empezamos a vivir en este lugar. Tenía pesadillas todo el tiempo y nunca paraban. Cuando era niña, nunca supe por qué no paraban. Nunca hablé de eso porque nunca supe que alguien podría haberme ayudado a orientarme. Eso sí, este lugar era un lugar de tormento para mí. No tengo una palabra mejor para describir la experiencia allí. La mayoría de los lugares en los que vives no serán tan horribles como el mío, a menos que vivas en una tierra en la que se ha hecho mal.

Una vez que me mudé de este lugar, recuerdo la primera noche en nuestra nueva casa. Dormí en paz por primera vez en años sin miedo. Si vives en un lugar que te atormenta más allá de lo imaginable y necesitas más ayuda que una oración antes de dormir, trata de ungir tu habitación con aceite. Si vives en un lugar que es como donde yo vivía, te insto a que te mudes y busques otro lugar donde vivir. A veces el Señor nos guiará a hacer esto, y Él abrirá las puertas para que lo hagamos. No es huir del enemigo derrotado, sino usar la sabiduría que Dios nos dice que pidamos para vivir sin perecer. En Oseas 4:6 dice que Su pueblo es destruido por falta de conocimiento.

Antes de irte a dormir, ora esta breve oración.

"Dios, en el nombre de Jesús, te pido que protejas mi mente del mal y me dejes descansar en paz sin pesadillas".

Declare la palabra de Salmos 4:8 y declare paz sobre su mente y para protección antes de dormir. Ora antes de dormir cada noche, y te sorprenderás de lo que una oración puede hacer en tu vida.

La gente siempre pregunta de dónde vienen las pesadillas. Investigué un poco sobre el origen de esta palabra. La palabra pesadilla proviene de la antigua palabra inglesa para yegua. Una yegua es un demonio o duende mitológico que atormenta con sueños aterradores.

Debemos tener cuidado con lo que miramos o lo que hacemos, ya que puede abrir puertas para que entre el mal y cause tormento. Hace mucho tiempo estaba viendo la televisión y cambiando de canal y me encontré con un comercial de una película de terror. Vi solo 10 segundos de este comercial y sin pensarlo más. Me acosté mucho más tarde y tuve una pesadilla, despertándome en sudores, a causa de este comercial. Los espíritus malévolos provocan pesadillas. Dios es un dios de paz, no alguien que trae terror a tu vida. Las pesadillas no vienen de Dios. Vienen de lo que hacemos en nuestra vida cotidiana. Lo que vemos justo antes de acostarnos puede influir en cómo dormimos. Si vemos una película de terror tras otra antes de acostarnos, podemos permitir que se abran puertas que resulten en ataques espirituales. No todo lo que tenga el título de ser una película de terror va a causar un ataque. Simplemente, le insto a que tengas cuidado con lo que ves. Mantente alejado de los programas de televisión o películas que tengan sesiones de espiritismo y encantamientos de lenguas porque no sabe lo que esas lenguas están diciendo o invocando.

A menudo, la gente piensa que los monstruos pueden ser producto de su imaginación por la frecuencia con que los niños pequeños hablan de monstruos que están en el armario. Seguro que ha oído hablar de todas esas historias de niños que dicen que hay un monstruo debajo de su cama. Muchos padres descartan esto por ser la imaginación de un niño.

Los niños son más susceptibles a ver la maldad espiritual y el mal que nos rodea. Todavía se están desarrollando y aprendiendo el bien del mal. Como niños pequeños, ellos no han formado prejuicios fuertes de nada como los adultos tienen, y ellos solo aceptan lo que les enseñamos. Los niños están siendo atacados a una edad tan temprana y los demonios se presentan a estos niños como sus amigos. Los niños aceptarán esta forma de comunicación con su "amigo" sin saber con qué están hablando en realidad. Al ser presentados con un encuentro demoníaco tras otro, los niños no sabrán nada diferente. Crecerán aprendiendo a hablar con los espíritus. Abrirán la puerta a tantas cosas al invitar a los espíritus malignos al hogar y a sus vidas. Eso da como resultado en adolescentes creciendo con problemas. Se manifestará en su actitud, carácter, drogas y muchas otras cosas que Dios no quiere para nuestros hijos.

Es triste que no haya suficientes padres vigilantes que cuiden de sus hijos. Ignoramos estas cosas alarmantes que nuestros hijos tratan de decirnos, y cuando crecen, nos preguntamos por qué tienen tantos problemas. Padres, enseñad a vuestros hijos quién es Jesús y enseñadles a orar. Ayúdenlos a construir un fundamento en la palabra de Dios. Enséñenles lo que es bueno y justo. Enséñenles a amar las cosas de Dios y a reprender el mal.

Parálisis del Sueño

También quiero llamar su atención sobre la parálisis del sueño. La ciencia y los médicos describen esto como alguien que experimenta la sensación de estar despierto, pero no puede moverse ni hablar. Todo el mundo ha oído hablar de esta terminología y ha llegado a la conclusión de que es médica y tiene una explicación científica. He escuchado testimonios de personas que aún lo llaman así, pero en realidad, es un ataque demoníaco. La sensación de no poder moverte ni hablar es un demonio que te ataca en forma de parálisis. Hoy en día la gente lo llama parálisis del sueño, pero no te confundas ni creas la mentira. Incluso he oído a gente considerar que la parálisis del sueño provoca alucinaciones del mal. No hay nada alucinatorio en ver espíritus. Usted está siendo atacado. No consuma pastillas para dormir o medicinas para combatir al diablo. El enemigo solo puede ser vencido a través de la autoridad que Jesucristo te ha dado. Es fácil olvidar que el diablo y sus demonios tienen su propio poder. Pensar que no tienen poder alguno es ingenuo. Esto nos hará perecer. La Biblia nos dice que mayor es Él (Jesús) que está en nosotros que el que está en el mundo. No hay otro nombre por encima del nombre de Jesús. ¡Habla el nombre de Jesús y todo mal debe huir! Incluso si no puedes pronunciar el nombre de Jesús con tu voz, dilo en tu mente y reprende para luchar contra este ataque. Hay poder en lo que proclamamos y declaramos. Hay poder en el nombre de Jesús.

Objetos / Estatuas

Si estás siendo atormentado día tras día, pregúntate esto: ¿Dejaste entrar en tu vida a estos espíritus que te están atormentando? ¿Cuántos de nosotros hemos recibido regalos de personas sin saber de dónde vienen estos regalos? ¿Cuántos de nosotros que hemos recibido obsequios dados por personas vamos a exhibir estos obsequios después? Debes mirar alrededor de tu casa todas las cosas que tienes dentro. Busque ídolos y estatuas de criaturas o cualquier cosa que parezca un ídolo. Si tienes una estatua de un demonio o cualquier cosa que represente algo diabólico, estás permitiendo que espíritus malévolos entren en tu casa. Al tener esta estatua, por ejemplo, estás abriendo una puerta para que estos demonios entren en tu vida y causen tormento. Digamos que ni siquiera estás adorando esta estatua en tu hogar, pero al tenerla, todavía estás permitiendo que el mal deambule y haga lo que le plazca.

Cuando vas a casa de un amigo, ¿qué es lo primero que haces? Por supuesto, le saludas y le haces saber que has llegado a casa de tu amigo. Luego te pones cómodo, tomas una bebida o un refrigerio y disfrutas de tu estadía. ¿Qué te hace pensar si le abres una puerta a un demonio que esta entidad no hará lo mismo? ¿Crees que esta presencia malvada en tu hogar se quedará en silencio o desaparecerá por sí sola? No se irá mientras sea bienvenido allí.

Primero, podrías tener problemas con tus finanzas, luego con tu matrimonio, y de ahí continuara. Debemos limpiar nuestros hogares de ídolos, estatuas o cualquier cosa que adore una imagen. Esto no solo se refiere a estatuas, sino a objetos que han sido hechos profanos.

Por ejemplo, un día mi madre llegó a casa con algo que recogió al borde de la carretera. Tan pronto como trajo ese objeto a la casa, creo que fue una especie de manta. Cuando entró en mi casa, mis sartenes comenzaron a moverse por su cuenta. Estaba intentando de preparar el desayuno, así que me molestó que no poder hacerlo. Las ollas y sartenes que se movían sobre la estufa de la cocina, no me asustaron, pero miré a mi alrededor a lo que acababa de cambiar para causar esta perturbación. Vi a mi mamá llegar feliz a casa trayendo lo que había encontrado fuera. Recuerdo que le pregunté si acababa de traer algo a casa. Después de que me dijo lo que era, le dije que lo tirara porque quería terminar de hacer el desayuno y no podía porque las sartenes no dejaban de moverse. Digo esto con mucha indiferencia, pero eso es porque sucesos como estos no son nada para mí, pero aún tengo que estar atento.

Dios detesta la adoración de otros ídolos o cualquier cosa de esta tierra. Deseche tus artículos tallados que no son santos y haciendo esto limpiaras tu hogar. Como se discutió en el capítulo de la Nueva Era, expliqué con gran detalle el significado de las religiones hindú y budista. Especialmente las estatuas que acompañan a estas dos culturas y cuáles son sus dioses. El hinduismo, como expliqué en capítulos anteriores, tiene muchas deidades que se adoran, y he dado una descripción de una de ellas. Ten cuidado con lo que compras y traes a tu casa porque Dios detesta los ídolos. Verás más paz y claridad en tu hogar si eliminas estos ídolos e imágenes talladas que puedas tener.

Versículos bíblicos para reflexionar de este capítulo.

Levítico 26:1 (RVR60)
    *No haréis para vosotros ídolos, ni escultura, ni os levantaréis es-
tatua, ni pondréis en vuestra tierra piedra pintada para inclinaros
a ella; porque yo soy Jehová vuestro Dios.*

Éxodo 20:4-5 (RVR60)

No te harás imagen, ni ninguna semejanza de lo que esté arriba en el cielo, ni abajo en la tierra, ni en las aguas debajo de la tierra. No te inclinarás a ellas, ni las honrarás; porque yo soy Jehová tu Dios, fuerte, celoso, que visito la maldad de los padres sobre los hijos hasta la tercera y cuarta generación de los que me aborrecen,

Isaías 42:8 (RVR60)

Yo Jehová; este es mi nombre; y a otro no daré mi gloria, ni mi alabanza a esculturas.

Santiago 1:5 (RVR60)

Y si alguno de vosotros tiene falta de sabiduría, pídala a Dios, el cual da a todos abundantemente y sin reproche, y le será dada.

Filipenses 4:13 (RVR60)

Todo lo puedo en Cristo que me fortalece.

Proverbios 22:6 (RVR60)

Instruye al niño en su camino, Y aun cuando fuere viejo no se apartará de él.

1 Corintios 14:33 (RVR60)

Pues Dios no es Dios de confusión, sino de paz. Como en todas las iglesias de los santos,

7

Suicidio

El diablo tiene un dominio tan poderoso sobre nuestra nación. No debemos ceder a sus tácticas, hombres, mujeres y jóvenes. Antes de que tu ministerio y tu propósito puedan despegar, él tratará de destruirte. Una forma en que lo hace es tratando de llevarte al suicidio.

Es una realidad profunda y triste que nuestros jóvenes, niños e incluso hombres y mujeres mayores se estén quitando la vida en un instante. Según el sitio web de los CDC, afirma que 45,979 personas han muerto por suicidio en el año 2020. Según el estudio realizado en el mismo año, las personas mayores de 85 años presentaban las tasas más elevadas de suicidio. En general, se utilizaron armas de fuego en más del 50% de los suicidios. El 26% de los suicidios fueron causados por asfixia. Según las estadísticas de save.org, en 2020 el suicidio será la 12ª causa de muerte. Según Suicide Awareness Voices of Education, mueren 125 personas al día por esta causa solo en los estados unidos. Cada 27,5 segundos, alguien intenta suicidarse. Ellos han realizado estos estudios aquí en nuestro país, son específicos de Estados Unidos. Entre los de 15 a 24 años, el suicidio es la tercera causa principal de muerte en Estados

Unidos.

Estos números y datos son alarmantes. Deberían despertar en tu alma el deseo de tender la mano con amor y compasión a quienes lo necesitan. ¡Pueblo despierte, nuestra nación se está muriendo por sus propias manos! Debemos salir y luchar contra esto. Superé esto a través del poder de Cristo. Les contaré mi experiencia a todos ustedes porque realmente entiendo y simpatizo con el sufrimiento que uno sufre en la depresión.

A lo largo de mi viaje, entré en un fuerte estado de depresión. Mi pareja y yo nos íbamos a casar, pero Dios tenía otros planes. Todo terminó con paz entre él y yo, pero casi me destruyó. Casi lo habíamos pagado todo y esta experiencia fue muy dolorosa. La idea de tener todo y nada de un segundo a otro me carcomía el alma. Me llevó a este ciclo interminable de depresión.

Todos los días, me despertaba sintiendo náuseas al pensar en la comida o el olor de la comida. Al principio, perdí el apetito durante poco más de una semana. Estaba perdiendo una libra por día, lo cual no era saludable, considerando que ni siquiera estaba comiendo en ese momento. Solo comí el 10% de la comida que tenía en mi plato durante esos dolorosos días. Fueron 10 días de náuseas horribles a la vista de la comida. Ahora todos los que me conocen saben que soy un gran entusiasta de corazón. La idea de odiar la comida me disgustaba. Después, comencé a tomar un desayuno completo, que era mejor que no comer.

Esto trajo un nuevo nivel de depresión dentro de mí, que nunca supe que existía. Este sentimiento abrumador de ser un fracaso vino y tomó su lugar. Todas las noches me enfurruñaba en la cama y lloraba hasta quedarme dormida. En mis oraciones, clamaba a Dios, rogándole que me quitara este sentimiento de desesperación. Le pedí que lo dejara acabar porque no podía soportarlo. La desesperanza que sentía era abrumadora. Me costaba dormir de lo hinchada que tenía la cara de tanto llorar. Era un proceso que tenía que superar.

No podía soportar esta inmensa sensación de no tener ninguna esperanza y, antes de darme cuenta, empezaron a asaltarme pensamientos suicidas. El pensamiento creció tanto en mí que no sabía qué hacer conmigo misma.

Recuerdo que me dije a mí misma, esto debe ser lo que siente la gente sin Dios justo antes de suicidarse. Este es el último sentimiento que sentirán en esta tierra física antes de poner fin a sus vidas. ¿Es posible que la desesperación y la desesperanza sean lo último que fluye dentro de sus corazones? Para ellos, vivir la vida es tan insoportable. Ya no pueden encontrar paz y consuelo en nada. No pueden soportar la idea de vivir un segundo más. ¿Cómo llegué a este punto en el que me siento aquí en mi cama con este impulso de acabar con mi vida? Sé lo que es esto ahora. Puedo comprender lo que siente la gente de este mundo antes de acabar con su vida. Su dolor es real y ven la muerte como la única esperanza. La gente no puede entender lo que se siente hasta que estás en esa posición de desesperación con esa severidad.

Respirar el aire me dolía en el alma. La idea de continuar con la vida se sentía como estar condenado a una vida de dolor. Sonreír a la gente me perturbaba, sabiendo que me sentía como un cadáver en descomposición por dentro. La pena me consumía. Sé quién soy en Cristo, pero eso no fue suficiente para deshacerme de las emociones que me seguían dondequiera que iba. Cómo anhelaba el alivio, aunque fuera por unos momentos. Siempre pensaba, no puedo permitirme sentirme tan débil y frágil cuando se supone que debo ser esta fuerte guerrera en Cristo. No podía entender cómo podía tener este tipo de pensamientos y luchas después de haber sido liberada de todo lo demás por lo que pasé.

No hubo alivio cuando fui a la iglesia; Me sentí igual que en casa. Nadie sabía lo mucho que estaba sufriendo. Me paralizaba el miedo a acercarme a alguien por lo que la gente pudiera pensar o decir. Pensé que hablar con alguien no me haría ningún bien. Un día, durante este dolor, quise ir a Walmart y comprar una botella grande de pastillas y consumirlas con lejía para acabar con mi vida. Fui a la tienda, estacioné en el estacionamiento y me quedé allí durante unos 20 minutos, con la mirada perdida. Me dije a mí misma, hoy no es el día para hacer esto, tal vez la semana que viene, y de regreso a casa sentí que una sensación de paz correr por mi cuerpo, de la nada. La paz se apoderó de mí, rodeándome como nunca antes la había sentido. Era Dios que se cernía sobre mí en ese momento, y me fui a casa en paz.

1 Corintios 14:33 (RVR60)
  Pues Dios no es Dios de confusión, sino de paz.

Oré a Dios, diciéndole que ya no quería sentirme así. ¡Ayúdeme, señor! El domingo siguiente, fui a la iglesia y el predicador hizo un llamado al altar al terminar la predicación. De hecho, mi madre me agarró para llevarme al altar durante el llamado. ¡Madres, os digo, no dudéis cuando Dios os mueva a actuar! Durante esto, alguien vino a mí orando en lenguas, y ella puso su mano sobre mi corazón. Dios la usó para ministrarme. Dios me habló, diciéndome que estaba pasando por una transición. Curó mi corazón ese día y con ese acto de curación pude levantarme de nuevo y continuar en el camino del Señor.

Salmo 121:1-2 (RVR60)

Alzaré mis ojos a los montes; ¿De dónde vendrá mi socorro? Mi socorro viene de Jehová, Que hizo los cielos y la tierra.

Todo estaba volviendo casi a la normalidad en mi vida. Estos horribles pensamientos de suicidio desaparecieron con mi último encuentro con él. Dios me sanó de este dolor que me había consumido. Empecé a salir a comer porque eso me da alegría.

En este momento todavía estoy pasando por lo que llamo la temporada de la soledad. Esta temporada en la que me encuentro es horrible. Siempre hablamos de lo que pasan los cristianos en la vida cotidiana, pero ¿qué significa estar solo? No podía entender por qué este año había sido tan difícil. A pesar de todo, Dios siguió motivándome a escribir sobre cómo me siento en mi soledad. Una y otra vez, Dios seguía diciéndome que escribiera. Siempre lo cuestioné. ¿Por qué querría escribir sobre este terrible sentimiento de soledad? La respuesta es muy sencilla. No soy la única persona en esta tierra que se siente tan deprimida y hundida. Mientras continuaba yendo a la iglesia, seguía sintiéndome que no me veían ni me escuchaban, simplemente me olvidaban. Sentí que era el segundo pensamiento de todos y nunca la prioridad de nadie. Sentí durante meses y meses tal abandono. Sentirse abandonado por todo el mundo es un sentimiento horrible de experimentar día tras día. Es difícil creer en las bendiciones y en que vendrán días mejores. En un momento dado, la gente ni siquiera me hablaba. Tal vez fueran las estaciones y las fiestas que estaban a la vuelta de la esquina, pero me quedé sola durante varios meses.

Sé por qué necesitaba escribir sobre esto. Alguien necesitaba oír que hay alguien ahí fuera, que siente lo mismo que tú. Quienquiera que seas y necesites leer esto, no estás solo. Satanás es un mentiroso, y él es el padre de todas las mentiras. Yo reprendo las mentiras y el engaño en el nombre de Jesús.

Es un estigma tan terrible pensar que no se supone que fallemos o caigamos en las obras del Señor. No estamos llamados a ser perfectos, y fallaremos porque somos humanos. Todos estamos destituidos de la gloria de Dios. Es fácil pensar lo que la gente diría o pensaría de mí si supieran lo bajo que realmente me siento. ¿Cómo me mirarían? ¿Me verían como alguien fuerte o alguien débil? Eso persiguió mis pensamientos internos durante mucho tiempo. No decimos lo suficiente a la generación futura y en crecimiento que está bien ser débil; está bien caer. Es en nuestra debilidad que Dios se glorifica en nosotros, y no nos abandona allí. Él entra en la fosa con nosotros, su presencia nos rodea aún más cuando estamos en nuestro punto más débil. Imagina lo que el poder de Dios puede hacer en nuestras vidas durante nuestro estado más frágil.

Te invito a pedir esto en una breve oración. Di "Dios, muéstrame quién eres". Él te mostrará quién es él y más en el nombre de Jesús. Prepárate para lo que pides porque Él se te revelará. Esté preparado para ser cambiado, conmovido y convencido por el Espíritu Santo. Prepárate para ser buscado con este amor eterno que nunca antes has experimentado. Cuando menos lo esperamos, Dios se nos revela en su tiempo perfecto.

Cada uno tiene su propio camino que seguir. Esta ha sido mi experiencia con la depresión y con Dios. A veces pasamos por periodos prolongados en nuestras situaciones y circunstancias y nuestros cuerpos se adaptan. Nuestro cerebro físico y nuestro cuerpo empiezan a funcionar de manera diferente. A veces necesitamos ayuda para salir de ello. No debes sentirte avergonzado si necesitas ayuda.

Hay herramientas a nuestra disposición para ayudar a las personas con estabilidad mental. Hay medicamentos para la depresión, medicamentos para la ansiedad e incluso terapias que pueden ayudar. Si tiene depresión clínica, una forma más grave de depresión, es necesario tratarla para ayudar al cerebro a funcionar como debe. Te animo a que hables con un médico para que te ayude a tomar la dirección correcta. Lo digo con ánimo y compasión. Todos debemos reconocer cuándo es el momento de buscar ayuda en este grave tema del suicidio y la depresión. Te animo encarecidamente a que sigas tomando tu medicación si tu médico ha determinado que la necesitas. Además de esto, debemos comenzar a construir una relación con Jesús y rodearnos de personas piadosas durante este proceso. Rodearte de personas que tengan la luz de Jesús solo te empujará hacia una vida centrada en Dios. La Biblia nos dice que como el hierro afila el hierro, así el hombre aguza el rostro de su amigo. Imagínese estar rodeado de drogadictos y estar en un estado mental tan deprimido. ¡Necesitas rodearte de personas que le hablen vida a tu vida! Soy un verdadero creyente en hablar vida a tu entorno, y a las personas que viven contigo. Hay poder sobre lo que hablas y las palabras que salen de tu boca. Comienza tu día hablando palabras de vida cada mañana sobre ti mismo. No se desanime si no ve resultados de inmediato. Mantengan una fe fuerte y sigan declarando las palabras de vida. No empieces el día golpeando tu vida antes de que puedas levantarte de la cama.

No temas las estadísticas de este capítulo porque tenemos un Dios que puede prevalecer en medio de nuestros problemas. En el nombre de Jesús, podemos romper las cadenas con las que el enemigo trata de atarnos. Cuando sientes que hay algo en tu vida que te detiene de lo que Dios tiene para ti, eso es una atadura en tu vida. Es muy fácil abrir puertas para que los demonios entren en nuestras vidas, especialmente cuando somos jóvenes y nos hace falta la experiencia. Es más fácil abrir estas puertas sin saberlo que darse cuenta de lo que son estas puertas y cerrarlas en el nombre de Jesús. Si estás en un lugar donde no tienes dirección y nadie a quien acudir, el Señor es una torre fuerte para los oprimidos. Él es un refugio en tiempos de angustia. Clama a él. Él inclinará su oído a tu clamor. Si se encuentra entre cualquiera de las estadísticas anteriores y se encuentra en un momento de angustia, ¡acuda a una persona piadosa llena del Espíritu Santo! Encuentre a alguien con quien hablar si es posible, porque la única sustancia de esta vida nuestra proviene del Padre, el Hijo y el Espíritu Santo.

Cuando la gente pasa por momentos de agobio y depresión, o atraviesa momentos suicidas, es difícil encontrar la fuerza o el valor para pedir ayuda a alguien. Lo sé porque he estado allí. Tienes esta sensación sofocante de oscuridad que rodea cada uno de tus movimientos, sintiendo que no puedes hablar con la gente para que te guíe. Atravesar este momento de autolesión se siente como una infección que irradia tu cuerpo como una enfermedad. Llenando cada poro de mentiras, autodestrucción o incluso remordimiento. Sé cómo se siente pensar en ti mismo como algo menos importante que la tierra debajo de tus pies, y que es insoportable vivir con cada bocanada de aire que tomas. El dolor que llevamos puede ser tan insoportable que pensamos que el suicidio es la única respuesta. Lo que realmente quieres es aliviar tu dolor. Por eso la gente acaba quitándose la vida. Que sepas que te comprendo al 100%. Vengo a decirte que no estás solo en este mundo. Tienes un propósito por el que vivir, por el que luchar y por el que respirar. Si naciste en esta tierra, es por un propósito. Dios está aquí con los brazos abiertos.

Mucha gente dice, ¿por qué no solo Dios me quita los problemas? ¿Por qué permitió Dios que la tragedia golpeara mi vida y me quitara a la única persona que he amado? O dicen si Dios es real, ¿por qué merezco sufrir cuando él es Dios con todo el poder? Estos son pensamientos y preguntas reales que tiene la gente. Todos nos hemos cuestionado lo desconocido y lo que no entendemos. El sufrimiento es parte de esta vida que vivimos. Dios no debe ser culpado por sus circunstancias o tragedias. Todos cosechamos lo que sembramos. Muchas de las circunstancias que suceden en esta tierra son creadas por nosotros y podrían haberse evitado. Otras circunstancias están destinadas a ser y solo Dios conoce el propósito de todas las cosas.

Tienes un propósito en esta tierra, y estamos llamados a buscar a Dios y su justicia, tal como lo hizo Jesús cuando estuvo en la tierra. Hay una razón por la que existes. Si le pides a Dios que te muestre quién es y por qué estás aquí, te responderá. Dios es un caballero, y te esperará para que lo busques y le pidas los deseos de tu corazón. Dios está aquí para consolarte en tu angustia. Es un Dios que sana y se acerca a los quebrantados de corazón. A medida que avanzamos en la vida, pasamos por diferentes temporadas, como se establece en el capítulo tres de Eclesiastés. Hay un tiempo y una temporada para cada propósito aquí en la tierra.

Cuando caminé por este valle de depresión fue abrumador. Ni siquiera podía mirar a nadie a los ojos o mantener conversaciones con la gente. Esa no era forma de vivir. Cuando la depresión llega, no viene de Dios. Dice en Corintios 14:33 que Dios no es un Dios de confusión o desorden, sino de paz. Dios es un Dios de paz, no un Dios de depresión y por eso, podemos superar esto a través del nombre de Jesús. El espíritu de depresión trata de aferrarse profundamente a tu vida, obstaculizando cada pequeña cosa que haces, pero hay más poder en el nombre de Jesús. Dios tiene más autoridad sobre todo lo que se arrastra sobre la tierra.

Él reina y está sobre todas las cosas de arriba y de abajo de la tierra.

Dice en la biblia donde está el espíritu del Señor, hay libertad. Si eres alguien que lucha con estas cosas que te he mencionado y estás caminando en el camino de Dios, no debes olvidarte del Espíritu Santo. El Espíritu Santo está aquí para guiarnos y estar con nosotros dondequiera que vayamos.

Te animo a que abras tu boca y declares esta oración en voz alta: Yo reprendo al demonio de la depresión y del suicidio y lo echo fuera en el nombre de Jesús. Demonios que atormentan mi mente y mi espíritu, les ordeno que se vayan en el nombre de Jesús. Declaro que toda puerta por la que vengas se cerrará. No hay otro nombre por encima del nombre de Jesús (Filipenses 2:9-10). En Dios está mi salvación y mi gloria; La roca de mi fortaleza, y mi refugio, está en Dios (Salmos 62:7). Declaro paz sobre mi mente, cuerpo y alma, en el nombre de Jesús. Amén.

Insto a cualquiera que no tenga a nadie a quien contactar a que vaya a save.org. Tienen herramientas y apoyo para ayudarlo a usted o a alguien que conozcas que está en tiempos difíciles. El suicidio y la depresión no son lo que la gente pide cuando se despierta por la mañana. Hay personas dispuestas a escucharte y darte los recursos que puedas necesitar en tu momento de dolor y desesperación.

Nunca te olvides de Dios porque vivimos en tiempos oscuros y necesitamos acercarnos lo más que podamos al amor infinito que Dios nos da. Comienza a construir una relación con el Dios todopoderoso. Todo lo que tienes que hacer es abrirle tu corazón y estar dispuesto a dejarlo entrar.

2 Corintios 3:17 (RVR60)

Porque el Señor es el Espíritu; y donde está el Espíritu del Señor, allí hay libertad.

Proverbios 18:21 (RVR60)

La muerte y la vida están en poder de la lengua, Y el que la ama comerá de sus frutos.

Proverbios 18:10 (RVR60)

Torre fuerte es el nombre de Jehová; A él correrá el justo, y será levantado.

Salmos 9:9 (RVR60)

Jehová será refugio del pobre, Refugio para el tiempo de angustia.

Proverbios 24:16 (RVR60)

Porque siete veces cae el justo, y vuelve a levantarse; Mas los impíos caerán en el mal.

Romanos 3:23 (RVR60)

Por cuanto todos pecaron, y están destituidos de la gloria de Dios,

Juan 8:44 (RVR60)

Vosotros sois de vuestro padre el diablo, y los deseos de vuestro padre queréis hacer. Él ha sido homicida desde el principio, y no ha permanecido en la verdad, porque no hay verdad en él. Cuando habla mentira, de suyo habla; porque es mentiroso, y padre de mentira.

8

Autoridad

Mientras trabajas hacia el llamado que Dios tiene sobre su vida, debes equiparte con toda la armadura de Dios, como se declara en el libro de Efesios. La parte de la armadura en la que quiero centrarme es la espada del espíritu. Mucha gente siempre habla de las otras partes de la armadura de Dios, pero ¿qué es la espada del espíritu? Es la palabra de Dios. La Biblia es más que un puñado de palabras escritas en una página; tiene vida, autoridad y poder, porque la palabra es Dios. Dice en la Biblia que puso mi boca como espada aguda. Debemos usar la palabra de Dios para atravesar el mal que nos confronta. Penetrando cualquier espíritu y maldad espiritual. La palabra de Dios es una herramienta para usar en nuestra vida diaria, pero también es un arma para luchar contra las tinieblas de este mundo. Dice en la Biblia que nos ha dado poder para hollar serpientes, escorpiones y contra todo poder del enemigo. Dios nos dio autoridad cuando aceptamos a Cristo. La Biblia nos enseña a ser como Cristo, pero ¿cómo crees que podemos ser como Cristo sin autoridad? No podemos.

Lucas 10:19 (RVR60)

He aquí os doy potestad de hollar serpientes y escorpiones, y sobre toda fuerza del enemigo, y nada os dañará.

Hebreos 4:12 (RVR60)

Porque la palabra de Dios es viva y eficaz, y más cortante que toda espada de dos filos; y penetra hasta partir el alma y el espíritu, las coyunturas y los tuétanos, y discierne los pensamientos y las intenciones del corazón.

Veamos en el diccionario Webster la palabra autoridad. La palabra autoridad significa el poder legal o legítimo; derecho a mandar o a actuar. Esta es la definición, pero ¿qué significa esto para nosotros? Jesús ha pagado el precio por todos nosotros. Por eso, cuando recibimos la salvación, Él nos da autoridad sobre el mal que reina en la tierra. Dios te dio el derecho y el poder legítimo para conquistar el mal en este mundo. Es asombroso darse cuenta de esto y, sin embargo, todavía vemos al pueblo de Dios debatirse cada día, sin saber lo que tienen.

Como seguidores de Cristo, reciben autoridad para pisotear y derrotar la maldad de este mundo y su poder, porque su poder no es nada comparado con el poder de Dios. La gente comete el error de pensar que el enemigo no tiene poder porque piensa: tenemos a Cristo y no hay otra autoridad mayor que el poder de Cristo. Pero el diablo tiene poder, y si no sabemos cómo usar nuestras armas espirituales y nuestra autoridad, no podemos vencer al mal. Te animo a sumergirte en la palabra de Dios, porque la espada del espíritu es la palabra de Dios. Todos debemos comenzar a aprender a estudiar su palabra. Si no sabes cómo, ahora hay tanta tecnología a tu disposición para aprender. Si todos vamos a estar en las redes sociales, utilícelas para alimentar su espíritu con el conocimiento de la palabra de Dios.

Imagine tener una espada de acero inoxidable forjada y elaborada por un herrero. Imagina la confianza que sientes al sostener su peso en tus manos. Escucha el sonido que hace, cómo resuena con poder cuando la empuñas. Si estuviera en peligro inmediato, y si todo lo que tuviera fuera esa espada, no dudaría en usarla. Es difícil para algunos creer que las palabras pueden ser tan poderosas como una espada en la palma de la mano. Es difícil entender el concepto de que la palabra de Dios es la espada del espíritu. Cuando declaramos verbalmente versículos de la Biblia, esa palabra de Dios puede y hará que algo suceda.

Isaías 55:11 nos dice, *Así será Mi palabra que sale de Mi boca; No volverá a mí vacía, sino que hará lo que yo quiero, y prosperará en aquello para lo cual la envié.*

Tiene que ocurrir un cambio cuando declaramos Su palabra en nuestras vidas. El cambio se manifestará cuando usemos la palabra que es viva y poderosa. Una espada es un objeto inanimado porque no es una cosa viva. Es solo un arma que por sí sola no tiene poder. La palabra de Dios es vida; es poder. Después de cierto tiempo, los metales pueden descomponerse y debilitarse, haciendo que una espada se rompa, pero la palabra de Dios es eterna. La Biblia, la palabra de Dios, es más cortante que cualquier espada y atravesará el espíritu. Debes aprender a cambiar tu forma de pensar acerca de lo que es la Biblia. No son solo palabras en una página, es un arma y un poder que es muy necesario en la guerra espiritual. Cambiar tu perspectiva provocará una reacción y esta reacción traerá un cambio sobrenatural en tu vida. Te verás crecer en el Señor y profundizarás tu relación con él.

Tú y yo tenemos el poder de vencer al mal. Debemos reprender en el nombre de Jesús. Hay demonios que tienen poco poder y hay otros que tienen un poder superior a ellos. Por lo tanto, algunos requieren ayuno y oración más intensos para eliminarlo. A continuación hay dos versículos diferentes de los que hablaré con respecto a esto.

En la Biblia, en Mateo 17:14-21, los discípulos no pudieron reprender a un demonio que estaba dentro de un niño, y trajeron este niño a Jesús. Dentro de esa misma hora, Jesús reprendió al demonio. Los discípulos más tarde le preguntaron por qué no podían expulsar al demonio. Jesús respondió que debido a su incredulidad no podían expulsar a este demonio. También les dice que este demonio solo puede ser expulsado por medio de la oración y ayuno. A pesar de que se nos ha dado poder, no podemos simplemente reprender a los demonios de nadie sin ser firmes en la oración y el ayuno.

Marcos 19:14-29 también describe una historia similar de un niño poseído que no pudo ser liberado por los discípulos. Cuando tomamos la espada del espíritu y la usamos para expulsar demonios, debemos estar en oración y comunión con Dios. Cualquiera puede recitar las Escrituras, pero no todos creen, y tu incredulidad impedirá los milagros y te hará fracasar, tal como lo hicieron los discípulos en estos versículos. No se puede actuar por autoridad y no creer. Debes creer y tener fe en lo que proclamas o haces para lograr cualquier cosa que involucre una guerra espiritual.

Cualquier cosa que no sea paz no viene de Dios. Cuando nos sentimos deprimidos, es una señal para reprender la depresión en el nombre de Jesús, y los demonios tendrán que huir. No hay nombre más grande que el nombre de Jesús. Cualquier otro nombre está por debajo de Jesús y no tiene poder sobre él. No hay razón para sufrir de esta manera cuando

Dios nos ofrece la paz. Necesitamos aprender a aplicar su palabra en nuestras vidas y usar el poder que ha puesto en nuestras manos.

Además de conocer y usar la palabra de Dios durante tus ataques espirituales, existen varias otras tácticas para conquistar el mal. En tiempos oscuros, cuando sea necesario, también puede ungir su casa con aceite. Típicamente, esto se hace con aceite por el que alguien o usted ha orado. En muchos eventos de la iglesia, solía ver que se repartían bolsitas de regalo con una pequeña botella de aceite ungido. Nunca olvidaré esos días. Siempre llevaba conmigo esas pequeñas botellas de plástico de aceite ungido a todas partes, por si acaso lo necesitaba.

Debes ungir su casa o habitación si estás siendo fuertemente atacado por espíritus malévolos. O si te están poniendo en miedo de tener tantos ataques. Cuando use aceite para ungir su hogar, aplíquelo en cada abertura de ventana, cada entrada y en todas las paredes de la habitación. No tienes que empapar tus paredes con aceite; simplemente toque sus paredes con el dedo que tiene el aceite. Mientras unge, diga una oración y si está perdido en lo que debe decir, escribiré una oración para cualquier situación al ungir una habitación o una casa.

Mientras unge su habitación o casa, diga esta oración en voz alta.

Unjo esta habitación en el nombre de Jesús. Dios, te pido que tu presencia more en este lugar. Te pido que saques todo lo que no sea tuyo y reprendo todo lo que no te pertenece y que impide que tu presencia entre. Unjo las paredes y pido tu protección sobre este lugar. Pido que tus ángeles rodeen esta área y me ayuden a combatir lo que no puedo ver con mis propios ojos físicos. Declaro paz sobre esta habitación y paz cuando me acuesto a dormir por la noche en el nombre de Jesús. Amén.

En mi último libro, Liberada, hablo con gran detalle sobre mis experiencias. Durante mucho tiempo, ungí mi habitación con frecuencia. Puedo decirte por experiencia que ungir tu casa o cuarto funciona. Como dije en capítulos anteriores, si tiene ídolos, estatuas y cualquier cosa perversa en su hogar, primero necesitarás hacer una limpieza.

Incluso he oído hablar de maestros cristianos en las escuelas públicas que ungen su propio salón de clases en el que enseñan. Usted puede preguntar, ¿por qué es eso, si es un lugar público con cientos de diferentes niños deambulando? La respuesta es simple: hay tanta maldad estorbando a los jóvenes, especialmente en la escuela. Imagina tener una habitación en la que siempre has sentido paz por razones desconocidas en medio de todo el caos. Yo misma he tenido esta experiencia y puedo decirles que cuando entré en la clase de biología de mi profesora de secundaria había una paz que inundaba el salón de clases. Al principio, no presté atención a la ambiente, pero a medida que avanzaba en la escuela, recuerdo sentirme diferente solo dentro de este salón de clases específico. Esta maestra no era una maestra cualquiera, era cristiana y Dios residía en ella. No recuerdo ni tengo conocimiento si ella alguna vez ungió su habitación, pero puedo decirles que la presencia de Dios estuvo en esa habitación en todo momento. Solo estar en esa habitación tuvo un impacto en mi día. Imagínese cuántos otros niños también han sido bendecidos.

Muchas veces en nuestra vida diaria, no nos damos cuenta cuando comienzan los problemas en nuestros hogares hasta que se convierten en algo mucho más grande. He escuchado muchos testimonios sobre esto mismo. Todos conocemos el versículo, pide y recibirás. Comencemos a pedirle a Dios que revele las malas acciones en nuestra vida. Puede que haya en su garaje o que se hayan dejado en algún sitio cosas que no deberían estar en su casa sin que usted se dé cuenta.

Especialmente si tienes hijos, ya que los niños y los adolescentes hacen muchas cosas sin que te des cuenta. Siempre pídele a Dios que ilumine tu mente y que revele cosas en tu vida o en tu casa que Dios no aprueba. Si le pides, Dios te escuchará y te responderá.

Versículos de la Biblia para reflexionar sobre este capítulo:

Juan 1:1 (RVR60)

En el principio era el Verbo, y el Verbo era con Dios, y el Verbo era Dios.

Efesios 6:12 (RVR60)

Porque no tenemos lucha contra sangre y carne, sino contra principados, contra potestades, contra los gobernadores de las tinieblas de este siglo, contra huestes espirituales de maldad en las regiones celestes.

Efesios 6:13-17 (RVR60)

Por tanto, tomad toda la armadura de Dios, para que podáis resistir en el día malo, y habiendo acabado todo, estar firmes. Estad, pues, firmes, ceñidos vuestros lomos con la verdad, y vestidos con la coraza de justicia, y calzados los pies con el apresto del evangelio de la paz. Sobre todo, tomad el escudo de la fe, con que podáis apagar todos los dardos de fuego del maligno. Y tomad el yelmo de la salvación, y la espada del Espíritu, que es la palabra de Dios;

Isaías 49:2 (RVR60)

Y puso mi boca como espada aguda, me cubrió con la sombra de su mano; y me puso por saeta bruñida, me guardó en su aljaba;

1 Pedro 5:8 (RVR60)

Sed sobrios, y velad; porque vuestro adversario el diablo, como león rugiente, anda alrededor buscando a quien devorar;

9

Dios Fiel

LAS CADENAS SE ROMPEN

Ataduras, cadenas y cargas son palabras que se usan para describir a alguien que vive con algún tipo de cautiverio en su vida. Jesús nos hace libres, pero nuestros hábitos y estilos de vida no cambian de un momento a otro. Cuando trae sanidad a nuestras vidas, vemos un cambio inmediato. Sin embargo, la mayoría de las veces, el cambio es un proceso gradual que se parece más a nuestro crecimiento físico natural. Cuando venimos a Cristo, renacemos y somos hechos nuevos. A medida que la vida continúa, tendemos a no prestar atención a las cosas que aún nos obstaculizan en nuestras vidas. Muchas personas, incluso el pueblo de Dios, tienen raíces profundas de cautiverio y necesitan ser liberadas.

Debemos tener cuidado con lo que vemos y lo que miramos. Todo lo que ponemos en nuestros ojos, lo permitimos en nuestros corazones y mentes. La Biblia hace referencia a nuestro ojo como la lámpara del cuerpo, y si nos corrompemos con nuestros ojos, entonces todo nuestro cuerpo estará lleno de tinieblas. Nos sometemos a la esclavitud sin que sea intencional y, con el tiempo, esto se convierte en fortalezas que son difíciles de romper. Estudiar la palabra de Dios es tan vital para que tengamos conocimiento de cómo vivir una vida sin corrupción. Somos la luz del mundo. No podemos mezclar las obras de Dios con las tinieblas del mundo. No te corrompas participando de los atributos mundanos.

El pecado continuo mantendrá las cadenas espirituales sobre nosotros y mantendrá las puertas espirituales abiertas para el enemigo. El pecado choca con lo que el Espíritu Santo está haciendo en nuestras vidas. Dado que nuestro cuerpo es el templo del Espíritu Santo, no podemos seguir pecando y esperar que Dios nos libere de nuestra esclavitud. No debemos andar conforme a la carne, sino andar conforme al espíritu. ¿Alguna vez te has preguntado qué significa esto? Dice en el libro de Romanos que la mente carnal está en enemistad contra Dios. Enemistad es una palabra que significa hostilidad, mala voluntad y odio. La mente carnal odia y se opone a la santidad de Dios, y te llevará a tu muerte espiritual. Tener una mente espiritual te permite tener vida y paz.

Romanos 8:6 (RVR60)
Porque el ocuparse de la carne es muerte, pero el ocuparse del Espíritu es vida y paz.
Romanos 8:7 (RVR60)
Por cuanto los designios de la carne son enemistad contra Dios; porque no se sujetan a la ley de Dios, ni tampoco pueden;

Cuando estamos atados con cadenas espirituales, estamos en cautiverio. La Biblia se refiere a las personas en cautiverio como prisioneros. Este cautiverio es un concepto que la gente encuentra difícil de entender. Si Dios abriera tus ojos para ver el mundo espiritual, verías que gran parte de esta generación sufre con aflicción y tormento. Esta generación de jóvenes luchan contra fortalezas y tiran de sus cadenas, pero no pueden liberarse. Desesperados, se golpean la cabeza contra la pared hasta sangrar, pensando que si se hacen daño sus captores los soltarán, pero eso solo los hace reír. Se sienten sin esperanza. El resultado de esto lleva a muchas personas a acabar con su vida o a tirarla todo por la borda. Jesús vino a traer la salvación. Él vino a liberarte. Clama al Señor, y él vendrá en tu ayuda. Su tiempo siempre es perfecto, pero su voluntad no es nuestra voluntad. Nuestros pensamientos no son sus pensamientos, y debemos entender que estando en su absoluta y perfecta voluntad, puede entrar en conflicto con nuestra propia mentalidad. Tal vez hay un pecado secreto en tu vida contra el que luchas todos los días pero que parece que nunca puedes superar. Tal vez fuiste abusado, tal vez molestado. Tal vez haya puertas demoníacas en tu vida que dejaste abiertas de par en par. Necesitas buscar la liberación del Señor. La autoridad detrás del nombre de Jesús es mucho más poderosa de lo que tú y yo podemos comprender.

En el libro de Hechos, capítulo 16, describe cuando Pablo y Silas fueron a prisión. A pesar de que habían sido azotados y encadenados en prisión, comenzaron a orar y cantar himnos de Dios. Todos podían escucharlos y esto provocó un terremoto. La Biblia nos dice que los cimientos de la prisión fueron sacudidos. Se abrieron todas las puertas de la prisión y se soltaron las cadenas de todos. Su oración y adoración no causaron liberación solo para ellos, las cadenas de todos se soltaron. Cuando profundizamos en la oración y adoramos al Señor, algo tiene que cambiar. El ambiente tiene que cambiar, tu situación tiene que cambiar.

No debemos olvidarnos del Espíritu Santo. Él nos da entendimiento y sabiduría cuanto más profundos estamos en las cosas de Dios. El Espíritu Santo está aquí para convencernos y acercarnos a Dios. Él es nuestro consolador y está aquí con nosotros cada día para ayudarnos en nuestras enfermedades, como dice Romanos 8:26. Donde está el espíritu del señor, hay libertad. Necesitamos aprender a orar y ayunar para romper ciertas cadenas. A medida que nos acercamos a Dios, él cerrará las puertas que abrimos cuando estábamos en el mundo. Él nos limpiará de adentro hacia afuera a través de la obra del Espíritu Santo.

En nuestra situación, necesitamos seguir adorando a Dios y proclamando un cambio. Si la oración y la adoración no tuvieran efecto, Pablo y Silas nunca habrían sido liberados. Tenemos que alabarlo en medio de nuestra circunstancia, en medio de nuestro dolor, en medio de nuestra aflicción. Cuando lo adoramos, tenemos que hacerlo en espíritu y en verdad. Provocar que la presencia de Dios se mueva es algo tan hermoso de presenciar y sentir. No necesitas estar en la presencia de un evangelista elegante para provocar que la presencia de Dios se mueva. En el libro de Mateo 18:20, dice donde hay dos o tres reunidos en mi nombre, allí estoy yo en medio de ellos.

LA FE

En el libro de 1 Pedro 1:7, habla de que nuestra fe es más preciosa que el oro y que es probada por fuego para glorificar a Dios. Nuestra fe será probada para que crezcamos en Dios. La Biblia describe a Abraham como un hombre de Dios, un hombre de fe. Él, sin duda, estaba en total obediencia a Dios en todo lo que Dios le pedía. La fe de Abraham fue probada cuando Dios le pidió que ofreciera a su único hijo como ofrenda en una montaña. Edificó un altar, preparándolo para la ofrenda a Dios en obediencia. Justo cuando estaba a punto de matar a su hijo como ofrenda, un ángel gritó su nombre. Le dijo que no le pusiera la mano encima a Isaac porque sabía que Abraham temía a Dios. Conocemos a Abraham como el padre de la fe, sin embargo, Jesús es descrito como el autor y consumador de nuestra fe. En Hebreos 11:1 dice que la fe es la certeza de lo que se espera, la convicción de lo que no se ve. Tampoco podemos agradar a Dios sin tener fe, porque debemos creer que él es y siempre será Dios. No podemos creer y tener fe mientras dudamos. La Biblia describe a la persona que duda como una ola del mar sacudida por el viento.

En el Salmo 107, dice clama al Señor, y él te salvará de tu angustia. Él te sacará de tu oscuridad y romperá tus cadenas. Cuando clamamos al Señor, debemos actuar con fe mientras lo hacemos. La fe sin obras está muerta y las obras sin fe también están muertas. No podemos tener una sin incorporar la otra. En Lucas 8:43-48 y Marcos 5:25-34, se habla de la mujer que tuvo flujo de sangre durante doce años. Había intentado ser curada por médicos, pero ninguno podía ayudarla. Cuando vio pasar a Jesús, supo que tenía que luchar por su milagro. A pesar de que había tanta gente alrededor de Jesús, ella pasó por entre la multitud, actuando con fe. Tocó el borde de las vestiduras de Jesús y al instante quedó sana. Jesús sintió que el poder salió de su cuerpo cuando alguien le tocó e interrogó a la multitud. La mujer salió. Jesús dijo que su fe la había sanado y que se fuera en paz. El acto de fe y hacer algo al respecto provocó un milagro en su vida y trajo gloria a Dios a través de su acto de fe. Su poder produjo sanidad en su cuerpo y esa enfermedad que la detuvo por tanto tiempo, cesó en un instante cuando ella actuó en su fe. No fue porque la prenda tuviera poderes curativos especiales; era su fe.

Aquí, en mi habitación, mientras hablaba con Dios, recordé un momento de mi vida en el que había regresado a Cristo. No entraré en detalles completos sobre mi regreso a Cristo. Puede hacer referencia a mi testimonio completo en mi libro anterior. Durante esto, me había mudado de nuevo con mis padres con la ropa que tenía en la espalda en el sentido literal. Estaba en un lugar oscuro; Estaba en peligro y mi fe provocó un cambio en mi situación. Mi fe impulsó a Dios a abrir puertas y llevarme de vuelta a casa, donde estaba a salvo. Durante la mudanza, solo tenía unos dos pares de ropa que traje conmigo. Cuando volví a casa, fue el momento más difícil y duro de mi vida. Casi no había traído ropa, de repente varias mujeres de Dios en la iglesia de mis padres me trajeron bolsas de ropa. Cuando digo bolsas de ropa, no me refiero a una bolsa de supermercado. Me refiero a esas bolsas grandes y negras que se usan para la basura. No era solo una bolsa grande llena de ropa; eran varias bolsas negras grandes llenas de ropa, vestidos, zapatos; de todo. Era tal la abundancia de ropa que ni siquiera cabía en mi armario porque estaba a rebosar. ¿Qué estoy tratando de decir con esto? Dios nunca te dejará con las manos vacías y sin forma de vivir. Él no te dejará seco en los tiempos que estamos viviendo porque él es un Dios fiel. Es tan fiel que durante varios años no necesité comprar ropa ni zapatos. Seguí recibiendo ropa de diferentes personas durante un par de años.

Dios nos bendice en abundancia cuando ponemos nuestra fe en él. Su fidelidad es eterna. No servimos a un Dios que es producto de nuestra imaginación. Él es el Dios que abrió el Mar Rojo cuando Moisés escapó del faraón y su ejército. El mismo Dios que le dijo a Moisés que usara su vara para dividir el mar es el mismo Dios que está con nosotros todos los días. Job se mantuvo firme en su fe después de que perdió todo. Dios lo bendijo con el doble de lo que tenía antes. En ese entonces, en el Antiguo Testamento, la tecnología no era un factor como lo es ahora. Estamos tan avanzados ahora que la generación de la era actual carece de fe y sabiduría. Nuestras mentes están tan nubladas y atadas por los mensajes subliminales del mundo y sus prácticas que le damos la espalda al Dios viviente. Ponemos nuestros ojos en la fama, el dinero y las maravillas del mundo y olvidamos quién murió en la cruz por nuestras transgresiones. Él dio su vida en la cruz por ti y por mí y nosotros lo despedimos. El hecho de que no hayamos presenciado la crucifixión no significa que tenga menos significado. Esta generación pide pruebas y exige evidencias. Necesitan ver para creer. No podemos seguir el ejemplo del discípulo Tomás. Después de que Jesús resucitó al tercer día, Tomás insistió en ver sus manos para ver dónde estaban los agujeros. En Juan 20:25, dice que Tomás no solamente quería ver sus manos, sino que quería poner su dedo donde estaban los clavos o de lo contrario no creería.

Sigue el ejemplo de Abraham en su obediencia y confianza en Dios a través de sus acciones de fe. Mira al perfeccionador y autor de la fe, Jesús. Deja a un lado tu mentalidad de "necesito ver para creer" y camina hacia adelante creyendo en la palabra de Dios y en su fidelidad. Aunque no podamos verlo, Él se nos revela si tan solo lo buscamos y mantenemos nuestra atención en el Señor.

OBEDIENCIA

La obediencia es un tema del que apenas oigo predicar. La obediencia es mejor que el sacrificio. Podemos hacer todos los sacrificios que se nos ocurran por Dios, pero sin obediencia seguimos pecando activamente contra Dios.

Mira la historia de Jonás. Todo el mundo conoce la historia de Jonás siendo tragado por un gran pez, no por una ballena. La Escritura no nos dice qué especie de pez era. Sabemos todo acerca de esta parte de la historia, pero ¿qué fue lo que lo llevó a ser tragado por este gran pez?

La historia comienza con Dios dando a Jonás la orden de ir a la ciudad de Nínive para predicarles acerca de su maldad para que se arrepientan. Huyó de Dios en un barco. Dios hizo que se formara una gran tormenta y la gente a bordo sabía que era por culpa de Jonás. Como resultado, lo arrojaron al mar, donde fue tragado por el gran pez. Después de tres días y tres noches, Dios ordenó al pez que lo vomitara y le dio a Jonás la misma orden por segunda vez para ir a Nínive. El resultado de su desobediencia causó problemas a quienes lo rodeaban y terminó siendo tragado. Hoy en día, puede que nuestra desobediencia no nos haga ser tragados por un pez, pero no podemos vivir en desobediencia directa a Dios. Si Dios nos da una orden para hacer algo, o para ir a algún lugar, o para actuar, debemos obedecer. Dios tiene otras formas de mostrarnos que la desobediencia está mal. En el libro de 1 Samuel 15:22 dice que obedecer es mejor que sacrificar.

Mientras caminas en tu fidelidad a Dios, recuerda siempre obedecer su voz cuando te habla. Él desea nuestra fidelidad. Nuestra obediencia a él es mucho más importante que cualquier otra cosa. Parte de amar a Dios es guardar sus mandamientos. No nos apartemos de su palabra y de sus mandamientos sobre nuestra vida.

LA LLAMADA

Solo para recapitular sobre mi vida, tengo una hermana y un hermano. Casi me parece irreal tener tantas batallas ocurriendo en mi vida. El enemigo continúa tratando de apartarme del propósito de Dios. Tuve mucha orientación a lo largo de las primeras etapas de mi vida cristiana. Durante este tiempo, como joven cristiana, vivía en casa con mi hermana todavía allí. Había visto una transformación del poder de Dios sobre su vida. Siempre tuve curiosidad por sus experiencias, ya que siempre fue una persona reservada. Mi hermana ha pasado por muchas pruebas duraderas a lo largo de su vida. Se sintió inspirada para escribir algo aquí en este libro. Inspirada para contar algunas de sus experiencias y lo que Dios ha puesto en su corazón para escribir.

Mi Hermana Habla:

¿Quién es Dios? Depende de a quién se le pregunte. Dios es un título, un destino de rango. Como la palabra reina. ¿De qué reina estás hablando? ¿De la reina Latifah? ¿La reina Elizabeth II? ¿A quién sirves? Es una elección que haces. Dices "Soy ateo. No creo en ningún dios, así que no sirvo a ninguno". Pues entonces, te sirves a ti mismo.

He elegido servir al Dios que me llamó cuando era joven. Durante mucho tiempo, no supe nada de él. Ni siquiera su nombre. Sabía que había una entidad fuera de mí que no podía ver y que me "llamaba". No había sonido, pero había un "susurro" en mi mente. Llamé a esta entidad en mis momentos más oscuros y desesperados. Porque hay tanta confusión en este mundo, permítanme ser clara, era el espíritu del Dios de Abraham, Isaac y Jacob. Este Espíritu no tenía temor. Solamente amor. Paz. Un calor que llega a lo más profundo de tu ser. Estaba desesperado por su presencia. Lo sentí en mi iglesia. No todo el tiempo. Pero había días en los que sentía esta presencia de una manera tan poderosa. No quería irme. Habría vivido en la iglesia si me hubieran dejado. Pero no viví allí y, al cabo de un día o dos, todo volvió a la normalidad.

Mi normalidad no era la normalidad común. La mayoría de las noches estaba aterrorizada. Sentía cosas en mi habitación. Como si algo me observara. Me aseguraba de que mis ventanas estuvieran completamente cubiertas por la noche. Cubría todas las superficies reflectantes de mi habitación. Cada espejo, cada pantalla, cada taza y tenedor y CD, y cualquier otra cosa que reflejara algo estaría siempre cubierta por la noche. Era mi ritual personal para mantener la cordura. Sentía cosas en mi habitación que no podía ver. No quería ver estas cosas en un reflejo por accidente. No estoy segura de si fue algo que alguien me dijo que hiciera o si había visto un reflejo de algo cuando era más joven, pero ya no lo recuerdo. Hice esto todas las noches hasta que mi familia se mudó de aquel lugar. Nunca detuvo nada, pero me hacía sentir un poco mejor hacerlo. Siempre había una luz encendida y tenía la radio puesta toda la noche. Ponía música cristiana toda la noche. No quería estar sola. Algunas noches, tuve experiencias horribles. Hubo veces que sentí como patadas en el estómago. Hubo veces que mis manos fueron jaladas sobre mi cabeza y mis piernas estiradas mientras estaba en la cama y repetidamente golpeadas por algo que no podía ver. Hubo momentos en los que no podía moverme y sentía como si todos los músculos de mi cuerpo estuvieran en llamas y recibiendo descargas eléctricas. Había momentos en los que mi mente se quedaba completamente en blanco. Es una sensación tan devastadora no saber quién eres o dónde estás o qué está pasando y sentir que sólo te consume el miedo. En esos momentos, lo único que conocía era el recuerdo de esa entidad de amor que sabía que existía. Mi mente no conocía palabras, pero mi espíritu le llamaba. Mi espíritu clamaba por él. Y él me salvaba. Una y otra vez me salvaba. Hubo tiempos en que vino suavemente. Hubo tiempos en que vino como un huracán con una mano feroz contra lo que había en mi habitación.

Había tantas experiencias. Ni siquiera sabía cómo orar ni a quién debía orar. En su infinita misericordia, se me reveló. Iba a la iglesia, pero no sabía nada. Iba a la escuela dominical, así que conocía las historias, pero las historias no te salvan. No tienen poder. Tenía una Biblia que no sabía usar. Cuando tenía 11 años, empecé a intentar leerlo. Leía las palabras en rojo pensando que si eran rojas debían de ser importantes. Hice la oración de salvación. No cambió nada, así que pensé dentro de mi, debo estar diciéndola mal, déjame decirlo otra vez… Y otra vez… muchas veces. Realmente lo decía con todo mi corazón. Pero no cambió nada en mis circunstancias. Sin embargo, había tomado la decisión definitiva de entregarle todo a Él. Y Él fue misericordioso conmigo. Después de mucho tiempo, aprendí.

A veces hay que arrebatar la libertad. Dios dio la tierra prometida a su pueblo Israel, pero estaba llena de gigantes y naciones impías. Les dijo que los expulsaran y tomaran posesión de lo que se les había dado. Debes tomar la espada del espíritu. Debes aprender tu arma, y debes usarla. Pero recuerda que la batalla no es tuya, es de Dios. La victoria ya ha sido dada. Ya tienes esta autoridad si te has rendido a Dios y has elegido vivir en obediencia a su palabra. Debes reclamarla y hacerla cumplir mediante el ejercicio de tu fe a través de la proclamación verbal. Abre tu boca y usa tu voz con autoridad y di lo que quieres que se haga y decláralo hecho. Mientras lo haces, debes mantener la imagen de ello en tu mente y creer que está hecho. Porque si el Hijo os ha hecho libres, seréis verdaderamente libres.

Pero la obediencia es la clave. ¿Confías en Dios? ¿Confías en Él con todo tu corazón y toda tu alma? Él nos ha dado un propósito antes de que fuéramos concebidos. Existíamos en su mente antes de llegar a nuestros cuerpos terrenales. Él ve nuestro futuro tan claramente como nos ve ahora. Debes aprender a ser guiado por su espíritu. Él nos ha dado el Espíritu Santo para enseñarnos todas las cosas. Si te dice a través de su espíritu que hagas algo, no lo dudes. Aunque no tenga sentido. Confía en que él ve más lejos que tú. Confía en que su decisión es para tu bien. Hay procesos en nuestra vida que pueden tardar años en completarse. Somos impacientes. Estamos acostumbrados a obtener lo que queremos rápidamente. Muchas veces, Dios está trabajando en tu situación de maneras que tú no conoces. Él está poniendo todo en su lugar para darte la bendición que has estado pidiendo. Espérala. No te canses. No te impacientes. Mientras más difícil sea romper las barreras, mayor será la bendición que vendrá.

Cuando te encuentras en una guerra espiritual, tu obediencia es crucial. Si el espíritu te mueve a ungir tu casa, hazlo. Si el te trae a la mente algo en tu casa de lo que sientes que debes deshacerte, no lo cuestiones, solo obedece. Hubo un tiempo en que sentí que me despertaba en medio de la noche. Miré a mi alrededor y no vi ninguna razón para estar despierta. Después de varias noches así, finalmente le pedí a Dios que me revelara la razón por la que me despertaba de mi sueño. La respuesta vino de inmediato a mi mente. "Ayuno." A veces es sólo una palabra lo que me da. Pero Señor, ¿cuánto tiempo? Ayuno. ¿Por qué debo ayunar? Ayuno. Una palabra y obedezco. Después de 10 días de ayuno hasta la puesta del sol, oigo su voz de nuevo. "Es suficiente." Después de eso, no pasa nada durante 2 semanas. Entonces, de la nada, un día me di cuenta de por qué era necesario. Llegó un día en que se produjo una situación en la que mi vida corría peligro. Ese día, oí claramente sus instrucciones. Me decía cuándo hablar, cuándo callar, cuándo estar tranquila y cuándo moverme. Al final, me ordenó hacer algo que no podía creer. Me pareció tan contrario a lo que creía que debía decirme, pero no lo cuestioné. Hacía muchos años que había aprendido a confiar en él. Sé con certeza que no hubiera sido capaz de hacer lo que me ordenó si no hubiera ayunado esos días antes. No hubiera tenido la fuerza emocional ni la claridad mental para hacer nada de lo que hice aquel día.

Cuando hay rebelión en tu corazón, no puedes ser obediente. Somos como el barro del alfarero, y él nos moldea a su gusto. Cuando nos salimos de su voluntad y tratamos de seguir nuestro propio camino, tiene que empezar de nuevo. He visto a muchos de los hijos de Dios atrapados en un ciclo. No están dispuestos a ser moldeados. Hay rebelión en sus corazones. Luchan contra lo que el espíritu trata de hacer en sus vidas. Quieren las cosas a su manera. Se enojan con Dios y se resienten cuando no hace lo que ellos piden. Gritan y dicen, ¿por qué no puedes responder a mi oración? Yo ayuno y oro y tú no haces nada. Podrías simplemente tocar el corazón de esta persona y ¡tendría mi bendición! Es tan fácil, pero no lo haces. Y todo el tiempo, Dios está tratando de obrar una bendición mayor para ellos. Vemos esta misma reacción de un hombre llamado Naamán en el libro de 2 Reyes Capítulo 5. Se le dijo que se lavara en el río Jordán 7 veces para curar su enfermedad de la piel, y se enojó porque quería que el profeta de Dios agitara sus manos para curarlo en su lugar. Él podría fácilmente chasquear sus dedos y todos tus problemas se resolverían, pero tú no aprenderías nada, y nunca crecerías. No permitas que la rebelión gobierne en tu corazón. Dios traerá situaciones a tu vida para humillarte. Es un proceso doloroso. Él te romperá si es necesario. Él te ama tanto así. Al igual que la arcilla, Él te golpeará de nuevo hasta convertirte en un terrón y derramará agua sobre ti para ablandarte hasta que estés listo. Lo hará tantas veces como sea necesario para que aprendas. Cuando finalmente te rindas, Él te levantará y te edificara de nuevo para que seas una vasija de honor.

Santiago 4:7-10 (RVR60)

Someteos, pues, a Dios; resistid al diablo, y huirá de vosotros. Acercaos a Dios, y él se acercará a vosotros. Pecadores, limpiad las manos; y vosotros los de doble ánimo, purificad vuestros corazones. Afligíos, y lamentad, y llorad. Vuestra risa se convierta en lloro, y vuestro gozo en tristeza. Humillaos delante del Señor, y él os exaltará.

Versículos de la Biblia para reflexionar en este capítulo.

Oseas 6:6 (RVR60)

Porque misericordia quiero, y no sacrificio, y conocimiento de Dios más que holocaustos.

Juan 14:21 (RVR60)

El que tiene mis mandamientos, y los guarda, ese es el que me ama; y el que me ama, será amado por mi Padre, y yo le amaré, y me manifestaré a él.

2 Corintios 3:17 (RVR60)

Porque el Señor es el Espíritu; y donde está el Espíritu del Señor, allí hay libertad.

Juan 14:26 (RVR60)

Mas el Consolador, el Espíritu Santo, a quien el Padre enviará en mi nombre, él os enseñará todas las cosas, y os recordará todo lo que yo os he dicho.

Isaías 11:2 (RVR60)

Y reposará sobre él el Espíritu de Jehová; espíritu de sabiduría y de inteligencia, espíritu de consejo y de poder, espíritu de conocimiento y de temor de Jehová.

Romanos 8:26 (RVR60)

Y de igual manera el Espíritu nos ayuda en nuestra debilidad; pues qué hemos de pedir como conviene, no lo sabemos, pero el Espíritu mismo intercede por nosotros con gemidos indecibles.

Santiago 1:6 (RVR60)

Pero pida con fe, no dudando nada; porque el que duda es semejante a la onda del mar, que es arrastrada por el viento y echada de una parte a otra.

Hebreos 12:2 (RVR60)

Puestos los ojos en Jesús, el autor y consumador de la fe, el cual por el gozo puesto delante de él sufrió la cruz, menospreciando el oprobio, y se sentó a la diestra del trono de Dios.

Hebreos 11:6 (RVR60)

Pero sin fe es imposible agradar a Dios; porque es necesario que el que se acerca a Dios crea que le hay, y que es galardonador de los que le

1 Pedro 1:7 (RVR60)

Para que sometida a prueba vuestra fe, mucho más preciosa que el oro, el cual aunque perecedero se prueba con fuego, sea hallada en alabanza, gloria y honra cuando sea manifestado Jesucristo,

Santiago 2:17 (RVR60)

Así también la fe, si no tiene obras, es muerta en sí misma.

Salmos 107:13-14 (RVR60)

Luego que clamaron a Jehová en su angustia, Los libró de sus aflicciones; Los sacó de las tinieblas y de la sombra de muerte, Y rompió sus prisiones.

10

Ir Al Mundo

Cuando aceptas a Jesús como tu Señor y salvador, Dios te da autoridad. Somos llamados a ir a las naciones de este mundo. Llamados a ir a través de esta tierra para predicar la palabra de Dios. Muchas veces nos preguntamos que predicar la palabra de Dios es decir ¿qué exactamente? Hay tantas cosas de qué hablar, pero la respuesta es bastante simple: es Jesús. Vayamos todos a través de las naciones para dar a luz quién fue y sigue siendo Jesús. Te sorprenderá la cantidad de personas en estos países extranjeros que ni siquiera han oído hablar del nombre de Jesús. En la Biblia, nos llama a predicar el evangelio a todo el mundo.

Marcos 16:15-18 (RVR60)

Y les dijo: Id por todo el mundo y predicad el evangelio a toda criatura. El que creyere y fuere bautizado, será salvo; mas el que no creyere, será condenado. Y estas señales seguirán a los que creen: En mi nombre echarán fuera demonios; hablarán nuevas lenguas; tomarán en las manos serpientes, y si bebieren cosa mortífera, no les hará daño; sobre los enfermos pondrán sus manos, y sanarán.

Es nuestra misión, como seguidores de Cristo, llegar a las naciones por cualquier medio posible. Todos tenemos un propósito que cumplir en la proclamación de Cristo por todo el mundo. Todos trabajamos juntos como el cuerpo de Cristo en todo el mundo llevando a cabo la voluntad de Dios y compartiendo las buenas nuevas del Evangelio. Algunas personas son llamadas a ser profetas, mientras que otras son llamadas con el don de sanidad. En la Biblia dice que hay diferencias en los ministerios y diversidad de actividades en el Señor. Hay muchas funciones dentro del reino de Dios, y todos estamos trabajando hacia la misma meta. Todos estamos unidos como un solo cuerpo para hablarle al mundo de Jesucristo. Aquí es donde los diferentes dones del espíritu influyen en cada uno de nuestros diferentes ministerios. Estos diferentes dones se usan para llevar la palabra de Dios a las naciones. Te animo a leer 1 Corintios 12:1-11. Cubre todo lo que he mencionado.

La obra de un misionero consiste en salir a tierras extrañas y escabrosas a predicar acerca de Jesús. Estas son las personas que han dedicado su vida a acostumbrarse a los entornos hostiles. Sienten de Dios que este es su llamado. Estas personas que hacen trabajo misionero salen a lugares con transporte y recursos limitados, a ambientes difíciles para llevar el evangelio. Este trabajo no es para todos, créeme, pero si este es tu llamado, Dios te lo confirmará. Si estás en terreno escabroso, no temas a tu enemigo, porque el Señor está contigo. En el libro de los Hechos, capítulo 28, Pablo había escapado de un naufragio y llegó a una isla. Mientras Pablo hacía fuego, una serpiente venenosa le mordió en la mano. Arrojó la serpiente al fuego, sabiendo que era venenosa. Todos los nativos de la isla esperaban que pereciera. Esperaron a que se hinchara y muriera, pero no sufrió ningún daño por la mordedura. Esto muestra la fidelidad de Dios al proteger a Pablo del peligro debido a su llamado específico. No todos tendrán el mismo llamado que Pablo.

Si no estás llamado a ser misionero, no significa que no puedas proclamar la palabra de Dios. En la Biblia, dice ir por todo el mundo y predicar el evangelio. Hoy en día, tenemos mucha más tecnología que cuando nacieron nuestros padres. Tenemos el mundo al alcance de la mano. Usa esto a tu favor para predicar a Jesús por todo el mundo. No hay excusa para no poder exaltar a Jesús en tus redes sociales. No se necesita mucho para empezar. Tu propio testimonio hablará por ti, aunque no tengas muchas palabras que decir. El mundo te conocerá por tus frutos. Después de que aceptamos a Cristo en nuestras vidas, no nos quedamos como somos; seguimos creciendo en el Señor. Él transforma nuestras mentes, limpia vuestros corazones y nos enseña a andar en sus caminos. Él nos llena con su Espíritu Santo. Pronto veremos brotar en nuestra vida los diferentes frutos del espíritu, como dice Gálatas capítulo 5. Debemos ser una luz en medio de las tinieblas de la tierra. Con nuestra vida podemos dar testimonio del poder y de las grandes maravillas de nuestro Señor.

Si tiene el ministerio de sanidad, algunos pueden cuestionar qué tiene que ver esto con la predicación de la palabra de Dios. La Biblia nos muestra ejemplos de Cristo liberando a la gente. A lo largo del evangelio, vemos que sanó a los enfermos, les dijo a los muertos que se levantaran y realizó milagros. Al hacer estas cosas, estaba liberando a los cautivos. La enfermedad ata a las personas, pero Cristo vino a traer sanidad a nuestras vidas. Jesús está aquí para reparar a los quebrantados de corazón y su sanidad va más allá de una herida superficial. Una sanidad divina de tu alma y espíritu es algo que solo Jesús puede hacer. La Biblia nos dice que él es la verdad, y la verdad os hará libres, y si os hace libres, seréis verdaderamente libres.

A medida que crecemos en nuestros ministerios, nuestros ataques también crecerán e intensificarán. El diablo está afuera como un león rugiente buscando a quién destruir. Quiere matar a toda costa nuestros ministerios, sabiendo la grandeza que el Señor tiene para cada uno de nosotros. Él traerá fuertes ataques a algunos ministerios más que a otros, dependiendo de lo que Dios te ha llamado a hacer en esta tierra. Nuestros ministerios son todos diferentes unos de otros. Todos tenemos diferentes roles que cumplir, pero nuestro propósito en esta tierra es el mismo: proclamar la buena palabra de Jesús. Debemos estar preparados para vivir en la voluntad de Dios porque, sin él, no somos nada. El enemigo no esperará a que ordenes tus pensamientos. Él atacará a voluntad para ver nuestra destrucción.

Debemos aprender a caminar en la perfecta voluntad de Dios y no en nuestra propia voluntad. Caminar por nuestra cuenta causará que sucedan situaciones que nunca deberían haber sucedido. Las angustias y las circunstancias innecesarias pueden provenir de no ser obedientes a la voluntad de Dios para nosotros. A veces nos ponemos en situaciones porque elegimos salirnos de su perfecta voluntad. Dios sabe todas las cosas, pero debemos observar nuestro entorno y equiparnos con la palabra de Dios en nuestra mente. Debemos aprender a confiar en él y en su amor por nosotros. Él no nos dará más de lo que podamos soportar, y sus planes son solo para nuestro bien.

Nos dice en *Jeremías 29:11*, *"Sólo yo sé los planes que tengo para ustedes. Son planes para su bien, y no para su mal, para que tengan un futuro lleno de esperanza."*

Si eres joven y estás leyendo esto, tal vez Dios ya te ha revelado sus planes para tu vida. No te sientas abrumado por ello. Si continúas caminando en su sendero y en su perfecta voluntad, Él te preparará para tu llamado.

Incluso si tu llamado es solo ser un adorador o cantante, será para la gloria de Dios. A medida que pasamos por diferentes etapas en nuestras vidas, Él nos moldeará y nos preparará para otras obras que ha planeado para nosotros. Tal vez usted puede ser un líder de adoración ahora, pero a medida que cambian las temporadas, Dios puede colocarlo en una posición diferente para llenar un papel diferente más adelante en la vida. En el Antiguo Testamento, vemos a José pasar por muchas posiciones en su vida antes de convertirse finalmente en el segundo al mando de toda una nación. Dios ha preparado un camino para nosotros. Debemos tomarlo con nuestra mente puesta en las cosas de arriba, no en las cosas de esta tierra. Esta tierra está llena de pecado; no debemos enfocarnos en las cosas terrenales, sino regocijarnos en el Señor.

Tú y yo debemos estar listos para hablar la palabra de Dios. En el último capítulo, hablé sobre la autoridad y lo que eso significa en nuestra vida diaria. Ahora es el momento de usar el conocimiento que tenemos en el campo como un guerrero de Cristo. La palabra de Dios es vida porque la palabra es Dios. El Espíritu Santo nos conducirá y guiará en nuestro camino. Como guerreros de Cristo, debemos estar preparados para aquellas personas necesitadas en el mundo. Es una necesidad usar el discernimiento y probar los espíritus mientras estamos ministrando o predicando la palabra de Dios.

Toma esa autoridad e infunde en ella nuestro deber de llevar a Jesús por todas las naciones. Llevar la palabra de Dios no se trata solo de predicar, sino también de cómo vivimos nuestras vidas y cómo mostramos compasión. Jesús demostró su gran compasión por la humanidad durante su tiempo en la tierra. No importa cuál sea nuestro ministerio, todos estamos llamados a mostrar compasión y amarnos los unos a los otros. No necesitamos estar hablando en lenguas todo el tiempo para mostrar cuán cristianos somos. Se trata de ser como

Cristo. Se trata de amar a los demás.

Si quieres seguir a Cristo, puedes comenzar siendo compasivo. En el libro de Mateo 20:29-34, habla de Jesús siendo llamado por dos ciegos en la multitud que lo seguía. La multitud les decía a estos hombres que se callaran, pero ellos insistieron en llamar a Jesús. Esto llamó su atención y les preguntó a los hombres qué querían de él. Dice que Jesús tuvo compasión y les tocó los ojos e inmediatamente ambos recibieron la vista. Parece que olvidamos que necesitamos tener compasión, tal como lo hizo Jesús. Cuando vemos a alguien en necesidad, no debemos rechazarlo. Hay personas que tal vez nunca entren a una iglesia, pero verán el amor de Dios obrando a través de ti. Vayamos a alimentar las almas y cambiemos este mundo con el amor de Cristo.

FALSOS PROFETAS

El mundo se está llenando de falsos profetas y falsos pastores. La gente está creyendo doctrinas falsas y líderes falsos. Al salir a ministrar el amor de Cristo al mundo, debemos hacerlo con discernimiento. En la Biblia dice que en los últimos días habrá gente que se amara a sí misma, que serán amantes del dinero, y serán blasfemos. La gente dejará su fe y se entregará a espíritus seductores y doctrinas de demonios. Predicarán e irán tras sus propias concupiscencias y apartarán el oído de la verdad. Despreciarán lo que es bueno y acusarán falsamente sin dominio propio. ¡Despertad, guerreros de Cristo! ¡Despierta y presta atención a lo que nos dice la palabra de Dios! Esto es lo que la Biblia nos revela de lo que abarcarán los últimos días.

Efesios 5:14 (RVR60)

Por lo cual dice: Despiértate, tú que duermes, y levántate de los muertos, y te alumbrará Cristo.

Estamos en los últimos días cuando las personas afirman falsamente ser pastores y ministros y seguidores de Cristo. Son lobos rapaces disfrazados con piel de oveja. No se deje engañar por las apariencias externas. Por fuera parecen estar llenos de conocimiento y sabiduría, pero por dentro están vacíos y podridos. En el libro de Mateo, capítulo 12:30, dice que el que no es conmigo, contra mí es. Los que están en contra de Jesús están en contra de Dios.

Solamente hay una verdad, y es Jesús. Jesús no predicó sobre ganar tanto dinero como fuera posible. No predicó lo que la gente conoce como el evangelio de la prosperidad. La gente buscarán lo que suena bien para ellos. Seguirán a los predicadores que los hacen sentir cómodos y no a los que los corregirán y los guiarán a la justicia. Buscarán líderes que les digan cómo obtener riquezas que no tienen. Hay pastores que están guiando a las congregaciones al pecado y a las falsas doctrinas. Hay pastores que están influyendo en las congregaciones para que crean que Dios les bendecirá si dan una ofrenda generosa a la iglesia. Atienden a aquellos que desean riqueza. Juegan con las emociones de aquellos que sufren dificultades financieras. Fingen ser justos, pero en realidad adoran el dinero y envidian las ganancias de los demás. Puedes tener todas las riquezas del mundo, pero sin Cristo, no eres nada. El dinero no puede comprar las bendiciones de Dios. Las bendiciones se reciben a través de la oración y creyendo con fe, no dando cien dólares.

Lo que es peor es que los hombres y mujeres de Dios que se supone que son la luz en la oscuridad, la diferencia en el mundo, son los que están permitiendo falsas enseñanzas. Hay iglesias que te enseñan a hablar en lenguas de la nada en lugar de enseñarte que debes ser lleno del Espíritu Santo. En el libro de los Hechos, el capítulo dos, versículo cuatro, nos muestra que después de haber sido llenos del Espíritu Santo, la multitud hablaba en otras lenguas. La Biblia es clara y contradice estas enseñanzas ridículas que no tienen ningún mérito para ellas. Sin embargo, la gente permanece ciega y continúa siguiendo a aquellos que no tienen ninguna verdad sólida.

Algunas iglesias están enseñando una religión de la Nueva Era a su congregación. Hay pastores que están permitiendo ciertas prácticas en sus iglesias que Dios condena. Todo lo que se necesita es la más mínima introducción de estas prácticas para contaminar a toda la iglesia. Como dice en Gálatas 5:9, un poco de levadura leuda toda la masa. Nosotros, como guerreros de Cristo, debemos romper la esclavitud de los que duermen. El engaño se ha arraigado profundamente en ellos y debemos abrirles los ojos.

Para poder salir y ministrar la palabra de Dios, debemos entender los tiempos que estamos viviendo en este momento. Necesitamos tener conciencia de lo que usted y yo nos enfrentamos.

El engaño y las prácicas malvadas que se infiltran en la iglesia deben ser reprendidos y expulsados en el nombre de Jesús. Estamos llamados a proclamar el evangelio de Cristo en todas las naciones del mundo. Llamados a testificar del poder y la autoridad que tiene Dios. Sí, te odiarán, porque primero odiaron a Jesús antes de odiarnos a ti y a mí. El mundo ama a los suyos y porque no somos de este mundo, el mundo nos odiará. El precio a pagar por la causa de proclamar a Jesús es el odio y la persecución.

Jesús derramó su sangre en la cruz por nuestros pecados. Toma el escudo de la fe y la espada del espíritu y prepárate para el ministerio que Dios tiene para ti. Se la luz en medio de la oscuridad. Habla la verdad y habla vida a aquellos que necesitan ser revividos. Deja que el Espíritu Santo te guíe y te use para ministrar al mundo. El Espíritu Santo está aquí para consolarnos, enseñarnos y guiarnos.

Versículos de la Biblia para reflexionar en este capítulo:

Juan 15:18-19 (RVR60)

Si el mundo os aborrece, sabed que a mí me ha aborrecido antes que a vosotros. Si fuerais del mundo, el mundo amaría lo suyo; pero porque no sois del mundo, antes yo os elegí del mundo, por eso el mundo os

2 Timoteo 3:1-5 (RVR60)

También debes saber esto: que en los postreros días vendrán tiempos peligrosos. Porque habrá hombres amadores de sí mismos, avaros, vanagloriosos, soberbios, blasfemos, desobedientes a los padres, ingratos, impíos, sin afecto natural, implacables, calumni-adores, intemperantes, crueles, aborrecedores de lo bueno, traidores, impetuosos, infatuados, amadores de los deleites más que de Dios, que tendrán apariencia de piedad, pero negarán la eficacia de ella; a estos evita.

2 Timoteo 4:1-4 (RVR60)

Te encarezco delante de Dios y del Señor Jesucristo, que juzgará a los vivos y a los muertos en su manifestación y en su reino, que prediques la palabra; que instes a tiempo y fuera de tiempo; redarguye, reprende, exhorta con toda paciencia y doctrina. Porque vendrá tiempo cuando no sufrirán la sana doctrina, sino que teniendo comezón de oír, se amontonarán maestros conforme a sus propias concupiscencias, y apartarán de la verdad el oído y se volverán a las fábulas.

1 Timoteo 4:1 (RVR60)

Pero el Espíritu dice claramente que en los postreros tiempos algunos apostatarán de la fe, escuchando a espíritus engañadores y a doctrinas de demonios;

Mateo 7:15 (RVR60)

Guardaos de los falsos profetas, que vienen a vosotros con vestidos de ovejas, pero por dentro son lobos rapaces.

Salmos 146:7-10 (RVR60)

Que hace justicia a los agraviados, Que da pan a los hambrientos. Jehová liberta a los cautivos; Jehová abre los ojos a los ciegos; Jehová levanta a los caídos; Jehová ama a los justos. Jehová guarda a los extranjeros; Al huérfano y a la viuda sostiene, Y el camino de los impíos trastorna. Reinará Jehová para siempre; Tu Dios, oh Sion, de generación en generación.

Aleluya.

Colosenses 3:2 (RVR60)

Poned la mira en las cosas de arriba, no en las de la tierra.

Romanos 12:4-8 (RVR60)

Porque de la manera que en un cuerpo tenemos muchos miembros, pero no todos los miembros tienen la misma función, así nosotros, siendo muchos, somos un cuerpo en Cristo, y todos miembros los unos de los otros. De manera que, teniendo diferentes dones, según la gracia que nos es dada, si el de profecía, úsese conforme a la medida de la fe; o si de servicio, en servir; o el que enseña, en la enseñanza; el que exhorta, en la exhortación; el que reparte, con liberalidad; el que preside, con solicitud; el que hace misericordia, con alegría.

1 Corintios 12:8-10 (RVR60)

Porque a este es dada por el Espíritu palabra de sabiduría; a otro, palabra de ciencia según el mismo Espíritu; a otro, fe por el mismo Espíritu; y a otro, dones de sanidades por el mismo Espíritu. A otro, el hacer milagros; a otro, profecía; a otro, discernimiento de espíritus; a otro, diversos géneros de lenguas; y a otro, interpretación de lenguas.

11

Ven a Jesús

Aquellos que leen este libro hasta el final han descubierto muchos engaños de este mundo. Algunos engaños se han abierto camino en nuestras vidas y algunos incluso se han abierto camino en nuestras iglesias. Guerreros de Cristo, debemos unirnos. Debemos unirnos para conquistar y derrotar el mal con la poderosa espada del espíritu. Debemos ir a aquellos que necesitan la palabra de Dios. Avancen para cumplir su propósito en esta tierra. Avancen hacia la voluntad de Dios para alcanzar a las naciones. Que tu testimonio y los frutos del Espíritu Santo traigan convicción a los que yacen durmiendo. Que la palabra de Dios deseche las falsas enseñanzas del mundo y produzca una nación apasionada por Cristo. Que nuestra alabanza y fe agraden a nuestro Señor y Salvador. Somos el cuerpo de Cristo. Necesitamos predicar la verdad y no enseñar por nuestra propia cuenta. Dejad a un lado vuestra incredulidad y seguid el camino recto de Dios y seguid los pasos de Jesús. Dejad a un lado toda idolatría y falsos dioses y buscad al verdadero Dios vivo.

He hecho referencia a una gran cantidad de escrituras a lo largo de este libro. Día tras día pasa y las flores pueden marchitarse, pero la palabra de Dios permanecerá. La palabra de Dios nunca cambiará, ya que la palabra es Dios y Dios siempre será el mismo ayer, hoy y para siempre. La humanidad cambia y fallamos una y otra vez. Hay uno que ha muerto por nosotros y que nunca ha fallado, y su nombre es Jesús. Él era el Mesías y vino a traernos la salvación a través de su sacrificio. Mucha gente ni siquiera cree que él era el Mesías, el hijo de Dios enviado por ti y por mí. Esto es real, y debemos despertar, profundizar y evaluar nuestra relación con Dios. Con nuestras vidas avanzando día a día, vemos crecer la popularidad de los nuevos artistas seculares de la música. Vemos al mundo dando a luz rituales satánicos hechos en vivo en la televisión y los vemos ridiculizando a Jesús e incluso ridiculizando su crucifixión. Todos necesitamos abrir los ojos a lo que realmente se muestra para que el mundo lo vea.

Permítanme hacerles una pregunta: ¿por qué se burlan de Jesús si nunca fue real? ¿Por qué el mundo se avergüenza de los que creen en Cristo pero, por otro lado, son los mismos que glorifican al diablo en videos para que los vean los niños pequeños? Te diré por qué. No somos de este mundo; el mundo nos odiará por elegir a Jesús, como dice en el libro de Juan 15:18-20. El mundo odiaba a Jesús antes de que nos odiaran a ti y a mí por creer en él. Se burlarán de nosotros, nos avergonzarán y nos perseguirán por causa de su nombre.

Abre tus ojos y oídos a lo que sucede a nuestro alrededor. ¡Tiene que haber un despertar en toda esta nación! Debes elegir servir a Jesús o servir al mundo. Amarás a uno y odiarás al otro. ¿A quién elegirás? No podemos servir a dos señores. Si niegas a Jesús, él te negará a ti. Tienes libre albedrío para hacer lo que quieras, pero recuerda esto; la vida no está garantizada, y no sabemos cuándo se acabará nuestro tiempo en este mundo. Puede que estés bien ahora, pero mañana puedes morir sin siquiera verlo venir. ¿Estarás listo para cosechar las consecuencias de la vida que has elegido para ti al negar a Jesús? No dejéis pasar tanto tiempo sin intentar buscar a Dios. No lo ignores y digas, oh, buscaré a Dios otro día. Otro día nunca está garantizado en la vida. No te demores, el llamado de Dios está sobre tu vida. Tal vez usted ya es un cristiano devoto. La pregunta es, ¿has aceptado a Cristo en tu vida?

En la Biblia dice que hemos sido comprados por un precio. La paga del pecado es muerte, pero los pecados de la humanidad han sido perdonados a través del sacrificio de Cristo. Jesús vino para que todos nosotros viniéramos al arrepentimiento. Él no vino solo por los justos, sino también por los pecadores. La salvación está ahí para todos los que la quieran. Jesús ya ha hecho el resto por nosotros. Solo tienes que estar dispuesto a someterte y entregar tu corazón a Dios. Entrega tu todo a Cristo y verás una vida que nunca antes has experimentado. Si ya tienes a Cristo, entonces te animo a difundir el amor de Jesús para que otros puedan seguirlo. Sea valiente y hable con una persona sobre el evangelio. Deja que Dios te use para su gloria. Si permites que Dios obre en tu vida, te llevará a lugares que nunca imaginaste. Declarad vida a las personas, proclamad las buenas obras del Señor.

Oro y espero que Dios te haya tocado y haya abierto los ojos de muchos a través de este libro. Declaro una transformación en las vidas de todos que este libro pueda alcanzar. Declaro un despertar en toda esta nación y que Dios bendiga a todos los que lean esto. Ruego que nuestra nación tenga hambre de la presencia de Dios y que busquen su verdad. Amén.

Versículos de la Biblia para reflexionar.

Lucas 5:32 (RVR60)

No he venido a llamar a justos, sino a pecadores al arrepentimiento.

1 Corintios 6:20 (RVR60)

Porque habéis sido comprados por precio; glorificad, pues, a Dios en vuestro cuerpo y en vuestro espíritu, los cuales son de Dios.

Mateo 10:22 (RVR60)

Y seréis aborrecidos de todos por causa de mi nombre; mas el que persevere hasta el fin, este será salvo.

Mateo 10:33(RVR60)

Y a cualquiera que me niegue delante de los hombres, yo también le negaré delante de mi Padre que está en los cielos.

Mateo 6:24 (RVR60)

Ninguno puede servir a dos señores; porque o aborrecerá al uno y amará al otro, o estimará al uno y menospreciará al otro. No podéis servir a Dios y a las riquezas.

Recursos

Si alguna vez necesitas a alguien con quien hablar o necesitas ayuda para tu salud mental, te animo a que visites los sitios web que se indican a continuación.

Fundación estadounidense para la prevención del suicidio.
https://afsp.org/

Para cualquier crisis o problema de salud mental, el número nacional de ayuda al suicidio y crisis es el 988, disponible las 24 horas del día y los siete días de la semana en Estados Unidos. También puede enviar el mensaje TALK al 741741

https://floridasuicideprevention.org/

Alianza nacional de enfermedades mentales
https://www.nami.org/home

Los terapeutas en línea oscilan entre 60 y 90 dólares por semana para este sitio web.
https://www.betterhelp.com

Otro terapeuta en línea.
https://www.talkspace.com/

Estudio de Versículos Bíblicos

Todos los versos están en (RVR60).

TIEMPOS DE PROBLEMAS / TORRE FUERTE

SALMOS 118:5

Desde la angustia invoqué a JAH, Y me respondió JAH, poniéndome en lugar espacioso.

SALMOS 18:19

Desde la angustia invoqué a JAH, Y me respondió JAH, poniéndome en lugar espacioso.

SALMOS 4:1

Respóndeme cuando clamo, oh Dios de mi justicia. Cuando estaba en angustia, tú me hiciste ensanchar; Ten misericordia de mí, y oye mi oración.

SALMOS 27:5

Porque él me esconderá en su tabernáculo en el día del mal; Me ocultará en lo reservado de su morada; Sobre una roca me pondrá en alto.

SALMOS 91:1

El que habita al abrigo del Altísimo Morará bajo la sombra del Omnipotente.

SALMOS 40:2

Y me hizo sacar del pozo de la desesperación, del lodo cenagoso; Puso mis pies sobre peña, y enderezó mis pasos.

SALMOS 107:6

Entonces clamaron a Jehová en su angustia, Y los libró de sus aflicciones.

PROVERBIOS 18:10

Torre fuerte es el nombre de Jehová; A él correrá el justo, y será levantado.

SALMOS 9:9

Jehová será refugio del pobre, Refugio para el tiempo de angustia.

SALMOS 46:1

Dios es nuestro amparo y fortaleza, Nuestro pronto auxilio en las tribulaciones.

SALMOS 23:4

Aunque ande en valle de sombra de muerte, No temeré mal alguno, porque tú estarás conmigo; Tu vara y tu cayado me infundirán aliento.

SALMOS 54:1-2

Oh Dios, sálvame por tu nombre, Y con tu poder defiéndeme. Oh Dios, oye mi oración; Escucha las razones de mi boca.

2 SAMUEL 22:2-3

Dijo: Jehová es mi roca y mi fortaleza, y mi libertador; Dios mío, fortaleza mía, en él confiaré; Mi escudo, y el fuerte de mi salvación, mi alto refugio; Salvador mío; de violencia me libraste.

GUERRA ESPIRITUAL

2 CORINTIOS 10:3-5

Pues aunque andamos en la carne, no militamos según la carne; porque las armas de nuestra milicia no son carnales, sino poderosas en Dios para la destrucción de fortalezas, derribando argumentos y toda altivez que se levanta contra el conocimiento de Dios, y llevando cautivo todo pensamiento a la obediencia a Cristo,

LUCAS 10:19

He aquí os doy potestad de hollar serpientes y escorpiones, y sobre toda fuerza del enemigo, y nada os dañará.

ROMANOS 6:23

Porque la paga del pecado es muerte, mas la dádiva de Dios es vida eterna en Cristo Jesús Señor nuestro.

FILIPENSES 2:9-11

Por lo cual Dios también le exaltó hasta lo sumo, y le dio un nombre que es sobre todo nombre, para que en el nombre de Jesús se doble toda rodilla de los que están en los cielos, y en la tierra, y debajo de la tierra; y toda lengua confiese que Jesucristo es el Señor, para gloria de Dios Padre.

EFESIOS 6:12-18

Porque no tenemos lucha contra sangre y carne, sino contra principados, contra potestades, contra los gobernadores de las tinieblas de este siglo, contra huestes espirituales de maldad en las regiones celestes. Por tanto, tomad toda la armadura de Dios, para que podáis resistir en el día malo, y habiendo acabado todo, estar firmes. Estad, pues, firmes, ceñidos vuestros lomos con la verdad, y vestidos con la coraza de justicia, y calzados los pies con el apresto del evangelio de la paz. Sobre todo, tomad el escudo de la fe, con que podáis apagar todos los dardos de fuego del maligno. Y tomad el yelmo de la salvación, y la espada del Espíritu, que es la palabra de Dios; orando en todo tiempo con toda oración y súplica en el Espíritu, y velando en ello con toda perseverancia y súplica por todos los santos;

1 TESALONICENSES 5:8

Pero nosotros, que somos del día, seamos sobrios, habiéndonos vestido con la coraza de fe y de amor, y con la esperanza de salvación como yelmo.

HEBREOS 4:12

Porque la palabra de Dios es viva y eficaz, y más cortante que toda espada de dos filos; y penetra hasta partir el alma y el espíritu, las coyunturas y los tuétanos, y discierne los pensamientos y las intenciones del corazón.

ISAÍAS 49:2

Y puso mi boca como espada aguda, me cubrió con la sombra de su mano; y me puso por saeta bruñida, me guardó en su aljaba;

1 TIMOTEO 6:12

Pelea la buena batalla de la fe, echa mano de la vida eterna, a la cual asimismo fuiste llamado, habiendo hecho la buena profesión delante de muchos testigos.

FORTALEZA

ISAÍAS 41:10

No temas, porque yo estoy contigo; no desmayes, porque yo soy tu Dios que te esfuerzo; siempre te ayudaré, siempre te sustentaré con la diestra de mi justicia.

ISAÍAS 40:31

Pero los que esperan a Jehová tendrán nuevas fuerzas; levantarán alas como las águilas; correrán, y no se cansarán; caminarán, y no se fatigarán.

FILIPENSES 4:13

Todo lo puedo en Cristo que me fortalece.

DEUTERONOMIO 31:6

Esforzaos y cobrad ánimo; no temáis, ni tengáis miedo de ellos, porque Jehová tu Dios es el que va contigo; no te dejará, ni te desamparará.

ÉXODO 15:2

Jehová es mi fortaleza y mi cántico, Y ha sido mi salvación. Este es mi Dios, y lo alabaré; Dios de mi padre, y lo enalteceré.

JOSUÉ 1:9

Mira que te mando que te esfuerces y seas valiente; no temas ni desmayes, porque Jehová tu Dios estará contigo en dondequiera que vayas.

HABACUC 3:19

Jehová el Señor es mi fortaleza, El cual hace mis pies como de ciervas,

Y en mis alturas me hace andar.

EFESIOS 6:10

Por lo demás, hermanos míos, fortaleceos en el Señor, y en el poder de su fuerza.

ISAÍAS 40:29

Él da esfuerzo al cansado, y multiplica las fuerzas al que no tiene ningunas.

2 CORINTIOS 12:10

Por lo cual, por amor a Cristo me gozo en las debilidades, en afrentas, en necesidades, en persecuciones, en angustias; porque cuando soy débil, entonces soy fuerte.

Notas

DATE   /   /

DATE / /

DATE   /   /

DATE   /   /